Reinhard Abeln / Adalbert Ludwig Balling

Wenn ihr nicht werdet wie die Kinder

Was die „Großen“ von den „Kleinen“ lernen können

1. Auflage 2022

Hauptstr. 22, D-88353 Kißlegg

Layout: Renate Geisler
Titelbild: istock, Geber86
Druck: orthdruk, Białystok, Polen

ISBN: 978-3-86357-347-8

Printed in EU

Reinhard Abeln / Adalbert Ludwig Balling

Wenn ihr nicht werdet wie die Kinder

Was die „Großen“ von den „Kleinen“ lernen können

Ein Lese- und Vorlesebuch für alle

Für Jung und Alt,
für Groß und Klein –
für die Omas und Opas,
die inzwischen die Kinder
ihrer Kinder großziehen helfen –
und an den Kleinen
viel Freude haben.

Für alle, die im Heute leben,
sich des Gestern nicht schämen,
und eins sind in der Sorge
und in der Liebe
um das Morgen!

Inhalt

Ein Wort zuvor

Als man Karl Valentin, den berühmten Münchner Komiker, einmal bat, sich unter der Rubrik „Berufsbezeichnung“ einzutragen, schrieb er „gewesenes Kind“. Diese Antwort trifft immer und für jeden Menschen zu. Und ein wenig sollte auch jeder Erwachsene Kind bleiben. Nicht nur in der Erinnerung!

Jesus, so berichten die Evangelien, ist entrüstet darüber, dass seine Jünger die Eltern, die ihre Kinder zu ihm bringen wollen, schroff abweisen.

Er sagt zu ihnen: „Lasst die Kinder zu mir kommen, hindert sie nicht daran! Denn solchen wie ihnen gehört das Reich Gottes. Amen, ich sage euch: Wer das Reich Gottes nicht so annimmt wie ein Kind, der wird nicht hineinkommen“ (Mk 10,14–15).

Damit sagt Jesus den Jüngern und in ihrer Nachfolge auch uns: Schaut euch die Kinder an! Sie geben ein Beispiel, sie sind ein Vor-Bild. Sie sind genau das Bild, das ich von den Menschen vor Augen habe, die in das Reich Gottes kommen sollen.

Wir sollen also wie die Kinder werden, ist Jesu klare und wohltuende Botschaft. Das heißt: offen, unbefangen, ohne Vorurteile, spontan, begeisterungsfähig, vertrauenswürdig, unverstellt, herzlich, mutig, natürlich. Es ist eine Aufgabe, um die wir täglich bitten sollen.

Von dieser Aufgabe, wie die Kinder zu werden, handeln die Ausführungen dieses Buches. Zahlreiche Gedanken und Beobachtungen, Geschichten und Erzählungen, Legenden und Sagen, kurze Texte und Aphorismen bekannter und unbekannter Männer und Frauen machen deutlich, welcher Reichtum Kinder sind und wie viel wir Erwachsenen von ihnen lernen können.

Die Beiträge des Buches wollen Anstöße geben zum Nach-denken, Be-denken und zum Weiterdenken. Sie sind bunt wie das Leben, ernst, spielerisch und voller Weisheit – wie die Kinder, die Gott uns geschenkt hat.

Dieses Buch könnte ein Geschenk sein für alle, die Kinder und Enkel haben; die Kinder mögen; die ein Kind erwarten. Also ein Buch für Eltern und Großeltern, Onkeln und Tanten, Lehrer und Erzieher – kurzum für alle, die zu Kindern Ja sagen und in ihnen ein Vorbild für ihr eigenes Leben sehen.

Viel Freude beim Lesen und Vorlesen wünschen Ihnen, liebe Leserinnen und Leser, Ihre

Reinhard Abeln
Adalbert Ludwig Balling

Kapitel 1

Kinder – Geheimnisse Gottes

Wenn du ein Kind siehst,
begegnest du Gott
auf frischer Tat.

Martin Luther

Welch Geheimnis ist ein Kind

Welch Geheimnis ist ein Kind!
Gott ist auch ein Kind gewesen.
Weil wir Kinder Gottes sind,
kam ein Kind, uns zu erlösen.
Welch Geheimnis ist ein Kind!
Wer dies einmal je empfunden,
ist den Kindern aller Zeit
durch das Jesuskind verbunden.

Welche Würde trägt ein Kind!
Sprach „das Wort" doch selbst die Worte:
„Die nicht wie die Kinder sind,
gehn nicht ein zur Himmelspforte."
Welche Würde trägt ein Kind!
Wer dies einmal je empfunden,
ist den Kindern aller Zeit
durch das Jesuskind verbunden.

O wie heilig ist ein Kind!
Nach dem Wort von Gottes Sohne
alle Kinder Engel sind,
wachend vor des Vaters Throne.
O wie heilig ist ein Kind!
Wer dies einmal je empfunden,
ist den Kindern aller Zeit
durch das Jesuskind verbunden.

Clemens Brentano

Freude über ein Kind

Es geschehen noch Wunder. Die Freude ist nicht tot! Soeben rief mich ein Bekannter an. Er und seine junge Frau sind überglücklich. Sie bekommen ein Baby – ein Adoptivkind.

Es wurde vor einer Woche von einer jugoslawischen Mutter geboren, einer Ausländerin also, einer Fremden – die in der Fremde noch keine Heimat gefunden hat. Sie „musste“ ihr Kind weggeben.

Zu Hause, so beteuerte sie den Sozialhelfern im Jugendamt, würde man sie verstoßen. Zu Hause sei man streng katholisch – und ihr Baby ist unehelich.

Ich weiß nicht, ob die Situation wirklich so schlimm war, wie sie von der Jugoslawin geschildert wurde. Wenn ja, dann kann man auch das Verhalten ihrer Verwandten zu Hause nicht christlich nennen.

Meine Bekannten hatten seit Monaten auf die Chance gewartet, ein Kleinkind zu adoptieren. Sie sind dankbar und froh, jetzt nicht nur ein Kind bekommen zu haben (das ihnen selbst bislang verwehrt blieb), sondern auch einer jungen Ausländerin helfen zu können.

Freude über ein Kind! Wie war das seinerzeit, HERR, als dein Sohn Mensch wurde? Nicht bei den Reichen und Mächtigen sollte er zur Welt kommen, sondern bei einfachen Leuten vom Lande. Nicht in

Palästen, sondern in einem Stall. Seine Eltern waren „Ausländer", waren unterwegs und in der Herberge wollte man sie nicht aufnehmen. Sie sahen nicht nach Geld aus.

HERR, ich weiß, es gibt viele Menschen, die die Weihnachtsgeschichte rührend finden. Die zum Fest viele Gaben verschenken. Die Lichter anzünden. Die in sentimentaler Stimmung wenigstens einmal im Jahr sich so geben möchten – wie sie fühlen.

Warum, HERR, nur zur Weihnachtszeit? Warum schämen wir uns unserer Gefühle – dessen, was in unserer Seele vorgeht? Und warum schenken wir anderen nur an Weihnachten etwas? Ist es nicht so, dass wir Freude empfangen, indem wir Freude schenken?

Adalbert Ludwig Balling

„Ich liebe die Kinder"

Ich liebe die Kinder, sagt Gott.
Ich will, dass alle ihnen gleichen.

Ich liebe die kleinen Kinder, sagt Gott,
weil mein Bild in ihnen
noch ungetrübt ist.

Ich liebe die Kinder,
weil sie fähig sind, größer zu werden,
weil sie noch fähig sind, sich zu erheben.

Michel Quoist

Gesten göttlicher Liebe

Kinder sind Geschenke Gottes;
Eigentum sind sie nicht.
Kinder sind Geschöpfe aus Gottes Hand,
Gesten seiner Liebe.
Kinder sind keine Zufälle,
sondern „Gebärden des Glückes";
Zufälle nur insofern,
als sie von Gott her den Eltern zufallen.
Gott hat sie gewollt;
er hat sie mit Namen gerufen;
er hat sie ins Leben geliebt

Jedes Kind, jeder Mensch ist von Gott
gewollt, von ihm geliebt, getragen, ersehnt.
Niemand erblickt das Licht der Welt
ohne sein Wollen, sein Ja, seine Güte.
Jedes Kind, jeder Mensch ist einmalig,
unauswechselbar,
unverwechselbar …

Adalbert Ludwig Balling

Das aussätzige Mädchen

Ein aussätziges und hungerndes Mädchen in Süd-China, so wird erzählt, wurde eines Tages von den Bewohnern eines kleinen Dorfes mit Stöcken und Steinen aus seiner Heimat hinausgetrieben. Ein Missionar sah den Menschenauflauf, trat unter die Menge, nahm das Kind auf seine Arme und trug es fort. Die Leute wichen zurück und schrien: „Aussatz! Aussatz!“

Unter Tränen fragte das Mädchen seinen Retter: „Warum kümmerst du dich um mich?“

„Weil Gott uns beide erschaffen hat. Deshalb bist du meine Schwester, und ich bin dein Bruder. Du wirst nie wieder hungrig und heimatlos sein.“

„Aber wie kann ich dir das wiedergutmachen?“

„Schenk möglichst vielen die gleiche Liebe!"

In den drei Jahren bis zu seinem Tod verband dieses Mädchen den anderen Aussätzigen die Wunden, fütterte sie, aber vor allem: Es liebte sie. Beim Tode des 11-jährigen Kindes sagten die Aussätzigen: „Unser kleiner Himmel ist in den Himmel zurückgekehrt."

Überliefert

Jesus liebt die Kinder

Wenn Jesus mit seinen Jüngern in eine Stadt oder in ein Dorf kam, liefen die Leute zusammen. Alle wollten Jesus sehen. Alle wollten ihn hören und sprechen. Die Freude war überall riesengroß.

Eines Tages kamen einige Väter und Mütter mit ihren Kindern zu Jesus. Die Eltern wollten Jesus bitten, dass er ihre Jungen und Mädchen berühren und segnen möge. Sie wünschten sich, dass Jesus für sie bete.

Als die Jünger die Eltern mit ihren Kindern kommen sahen, ärgerten sie sich darüber. Sie schimpften und wollten sie wegschicken. Sie dachten, Jesus habe Wichtigeres zu tun, als sich um die Kinder zu kümmern.

Doch Jesus hatte inzwischen die Kinder bemerkt. Er sagte zu seinen Jüngern: „Lasst die Kinder zu mir kommen und verbietet es ihnen nicht! Denn ihnen gehört das Reich Gottes." Und weiter sagte Jesus: „Wer das Reich Gottes nicht so annimmt, wie es ein Kind tut, der wird bestimmt nicht hineinkommen."

Dann ging Jesus freundlich auf die Kinder zu und nahm sie in die Arme. Er legte ihnen seine Hände auf den Kopf und segnete sie.

Nach Markus 10,13–16; Matthäus 19,13–15; Lukas 18,15–17

Jemand beim Namen nennen

Ich kenne einen afrikanischen Jungen, den seine Eltern „Watatu" nannten, wörtlich: Jetzt sind wir drei! Ich kenne ein schwarzes Mädchen, das auf den schönen Namen „Sibongnkosi" hört – Wir danken dem Herrn!

HERR, ich weiß, als Du den ersten Menschen erschufst, nanntest Du ihn Adam, das heißt „Mensch aus Erde". Und als Adam seine Lebensgefährtin erblickte, sagte er „Eva" zu ihr, „Mutter aller Lebenden". Auch den Tieren gab Adam Namen – je nach ihren Eigenschaften und nach ihrem Äußeren.

Das war sinnvoll, HERR. Und ich freue mich darüber. Wie es mich immer wieder freut, wenn ich erfahre, dass man in Japan ein Neugeborenes „schöne Kirschblüte“ nennt. Oder in Korea einen Jungen „aufgehende Sonne“. Oder in Thailand ein zierliches Mädchen „Lotosblume“.

HERR, ich freue mich, dass viele unserer Namen etwas bedeuten.

Michael, ein hebräisches Wort, heißt bekanntlich „Wer ist wie Gott?“ – es ist der Name eines mächtigen Engels, der den Kampf gegen Luzifer anführte. Karl (auch Karola) und Charlotte sind alte Namen, die übersetzt „tüchtig“ heißen. Georg (Jörg, Jürgen), griechischer Herkunft, heißt Landwirt, Bauer. Irene, ebenfalls aus dem Griechischen, bedeutet Friede.

HERR, ich finde, es ist etwas Schönes, wenn man um den tieferen Sinn seines Namens weiß. Schade, dass wir uns an den Namen Deiner Heiligen „festgefahren“ haben. Nichts gegen die Heiligen. Nur meine ich, es dürfte etwas Bewegung kommen in unsere Namengebung. Warum lassen wir uns nicht die Zeit, wenn wir für einen neuen Erdenbürger einen Namen suchen? Warum schlagen wir nicht mal in einem etymologischen (wort erklärendes) Wörterbuch nach? Warum lassen wir uns von den Modenamen und dem Trend der Zeit betören?

HERR, als Josef und Maria für Deinen Sohn einen Namen suchten, folgten sie dem Rat des Engels und den Weisungen der Propheten. Jesus heißt „Erlöser".

Was uns nachdenklich stimmen sollte: Christus (Gesalbter) gab unseren Konfessionen den Namen. Erst war er Spitzname für die Anhänger einer neuen Religion. Heute ist er Ehrenname für Millionen.

Adalbert Ludwig Balling

Du bist wie eine Blume

Du bist wie eine Blume
So hold und schön und rein;
Ich schau dich an und Wehmut
Schleicht mir ins Herz hinein.

Mir ist, als ob ich die Hände
Aufs Haupt dir legen sollt,
Betend, dass Gott dich erhalte
So rein und schön und hold.

Heinrich Heine

Danke schön, Christkind!

Als wir am Heiligen Abend aus der Zionskirche kommen, wirbelt der Schnee in dichten Flocken zur Erde hernieder. Bald ist Bethel in eine weiße Decke eingehüllt. Viele hundert eilige Füße huschen über sie hin, weil nun die Feiern in den einzelnen Häusern auf ihre fröhlichen Gäste warten.

Es sind wohl zwanzig Kinder da, die zum ersten Male in Bethel Weihnachten feiern. Aus allen Gemeinden des deutschen Vaterlandes sind sie hergekommen. Viele aus großer Armut, aus dunklen Kellerräumen oder engen Dachwohnungen. Nun stehen sie wie geblendet vor all der Herrlichkeit. Frische, rotbackige Kinder sind darunter, denen man die schwere Krankheit kaum ansehen kann.

Am Rande des Zimmers geht ein Junge immer auf und ab mit großen Schritten und eigentümlichen Kopfbewegungen. Er wendet sein Gesicht nicht wie die anderen Kinder dem Lichterbaum zu. Er freut sich nicht an den bunten Bildern wie seine kleinen Kameraden. Er kann es nicht; denn der kleine Willy ist nicht nur fallsüchtig und schwachsinnig, er ist auch blind.

Man könnte denken, dass ihm die Tür zur Weihnachtsfreude ganz verschlossen sei. Aber nein, das ist doch nicht der Fall. Er hat eine Mundharmonika geschenkt bekommen. Darüber hat er alles andere ringsumher vergessen. Unermüdlich wandert er auf und ab und versucht zu spielen.

Wenn man genau hinhört, kann man merken, dass es das Lied sein soll: „Ihr Kinderlein kommet!" Die Töne sind nicht schön, aber das stört ihn nicht. Ihm scheint es die schönste Musik der Erde zu sein.

Plötzlich aber sehe ich, wie Willy Halt macht und die Harmonika vom Munde nimmt. Er lauscht in den vielstimmigen Lärm hinein, der ringsumher das Zimmer füllt. Er horcht gespannt auf die Töne der anderen Instrumente seiner kleinen kranken Freunde.

Nun geht ein Freudenschein über sein schmales Gesicht, und ich höre, wie er vor sich hin sagt: „Keiner hat eine!" Er meint offenbar, keiner außer ihm habe eine Mundharmonika bekommen. Das macht ihm den Genuss doppelt groß; und unverdrossen setzt er seine Wanderung fort, hin und her und auf und ab, immer wieder blasend: „Ihr Kinderlein kommet!"

Nach einer Weile aber sehe ich, wie er noch einmal stehen bleibt und ein noch hellerer Schein über sein blasses Gesicht fährt. „Danke schön, Christkind!", sagt er leise, und dann wandert er weiter.

Friedrich von Bodelschwingh

Die Gott verstehen

Die Kleinen,
die Kinder,
die Liebenden,
das sind jene,
die Gott verstehen;
denn sie sind jene,
die größer sind
als die berechnende Enge
und selbstbezogene Angst
dessen, der sich
in sich selbst verbeißt.

Klaus Hemmerle

Das lachende hässliche Mädchen

„Nicht einmal die Bäume des Waldes machte Gott gleich. Wie viel weniger die Menschen!"

Östliche Weisheit

*

Ihm sei ein Mädchen aufgefallen, ein sehr einfaches Mädchen mit krausem Haar und mit einem „unmäßig aufgerissenen Mund", schreibt Abram

Terz in seinen „Gedanken hinter Gittern". Es habe laut gelacht und dabei seine großen Zähne gezeigt, vom ungewohnten Wein angeheitert. Und er sei empört gewesen über diese „selbstzufriedene Hässlichkeit".

Ihm schien, das Mädchen hatte kein Recht – nicht nur am Tisch zu sitzen, sondern überhaupt zu existieren: „Schämte sich dieses Mädchen nicht, so hässlich zu sein, und wie kann es bei all seiner Hässlichkeit noch lachen?"

Und plötzlich kam Terz ein Gedanke, der ihn erschütterte: „Was für ein Recht hast du eigentlich, dieses Mädchen zu verdammen, wenn Gott selbst seine Anwesenheit duldet? Wenn er uns allen, Hässlichen und Kleinen, zu existieren gestattet? – Welche Vollmacht hast du, diese Vogelscheuche nicht zuzulassen, wenn er, der unermesslich Herrliche, sie zuließ?"

Was der russische Dichter, der übrigens zu sieben Jahren Zwangsarbeitslager verurteilt wurde, weil seine „Gedanken" im Westen veröffentlicht worden waren, hiermit ausdrückt, sind wohl die Gedanken eines jeden Menschen. Terz (alias Andrej D. Sinjawski), der später in Paris lebte, hat es nur griffiger formuliert, bildhafter beschrieben, tiefer nachempfunden als wir Durchschnittsmenschen.

Wir alle regen uns gelegentlich über jene auf, die nichts dafür können, dass sie so sind – wie sie sind. Wir mokieren uns über Menschen und Dinge, die Gott zuließ, die Gott als seine Schöpfung betrachtet.

Wer gibt uns das Recht, gegen seine Weisheit und Güte zu Felde zu ziehen? Wer sind wir, dass wir uns anmaßen, jemand für hässlich zu halten, den Gott „nach seinem Ebenbild" geschaffen hat? Wer weiß letztlich, was sich in der Seele des anderen verbirgt?

Von vielen großen Persönlichkeiten wissen wir, dass sie äußerlich unscheinbar, fast hässlich waren. Von Paulus, dem Völkerapostel, wird uns überliefert, er sei klein, unansehnlich, abstoßend gewesen. Von Peter Lippert sagen Zeitgenossen, er habe eher hässlich ausgesehen – er, der so wundervolle Bücher schrieb?

Wie hat es Kyrilla Spiecker formuliert? „Wie oft ist das Schöne nur Verpackung und das Hässliche nur Tarnung!"

Adalbert Ludwig Balling

Wie Gott sie uns gab

Wir können die Kinder
nach unserem Sinn
nicht formen;
so wie Gott sie uns gab,
so muss man sie haben
und lieben,
sie erziehen aufs Beste
und jeglichen lassen gewähren,
denn der eine hat die,
die anderen andere Gaben.

Johann Wolfgang von Goethe

Mein Kind!

Der Herr sei vor dir,
um dir den rechten Weg zu zeigen.
Der Herr sei neben dir,
um dich in die Arme zu schließen
und dich zu schützen
gegen Gefahren von links und rechts.
Der Herr sei hinter dir,
um dich zu bewahren
vor der Heimtücke böser Menschen.
Der Herr sei unter dir,

um dich aufzufangen,
wenn du fällst.
Der Herr sei in dir,
um dich zu trösten,
wenn du traurig bist.
Der Herr sei um dich herum,
um dich zu verteidigen,
wenn andere über dich herfallen.
Der Herr sei über dir,
um dich zu segnen.
So segne dich der gütige Gott –
heute und morgen und immer!

Nach einem altchristlichen Segensgebet

Acht Milliarden Gottesgaben

Acht Milliarden Menschen,
Gottes acht Milliarden „Kinder“,
von ihm gewollt,
geliebt,
getragen.

Niemand erblickt das Licht der Welt
ohne sein Wollen,
ohne sein Jasagen,
ohne seine Güte.

Gottes acht Milliarden „Kinder“
sind acht Milliarden
Gottesgaben;
acht Milliarden Originale.

Adalbert Ludwig Balling

Wer ein Kind sieht …

Wer ein Kind sieht,
soll an den denken,
der uns das Leben schenkt.

Wer Reis in der Schüssel hat,
soll an den denken,
der das Feld besorgt hat.

Wer Obst isst,
soll an den denken,
der den Baum gepflanzt hat.

Wer Wasser trinkt,
soll an den denken,
der den Brunnen gebohrt hat …

Aus Vietnam

Zum Nachdenken

In der Krippe wird uns gezeigt,
dass Kindsein vor Gott
das Einzige ist,
was uns helfen kann.

Alfons Kirchgässner

*

Kinder sind eine Brücke
zum Himmel.

Aus Persien/Iran

*

Werde, was du
im Grunde deines Herzens bist!
Du hast einen Vater.
Werde, was du bist:
sein Kind.
Dann öffnen sich
die Tore des Kindseins,
das Staunen einer Liebe.

Frère Roger

Gott ist der Vater
aller Kinder.
„Gottes-Kinder“ zu sein,
ist das Vorrecht
der Menschen.

Adalbert Ludwig Balling

*

Wer ein Kind
liebend anschaut,
redet mit Gott.

Koreanisches Sprichwort

*

Kinder sind nicht nur
freundliche Lichtstrahlen
des Himmels und Gottesgrüße,
sondern auch
ernste Fragen aus der Ewigkeit
und schwere Aufgaben
für die Zukunft.

Friedrich Schleiermacher

Kinder sind Rätsel von Gott
und schwerer
als alle zu lösen,
aber der Liebe gelingt's …

Friedrich Hebbel

*

Es sprach der Herr sein: Werde!
und seither auf der Erde
der Wunder viele sind.
Der schönsten eines: Ist das Kind.

Michael Neumann-Adrian

*

Das Kind bringt auf die Erde
einen Hauch
der noch ungefallenen
und noch unbefleckten
Schöpfung,
eine Ahnung von der Frühe
und Reinheit des Anfangs.

Werner Bergengruen

Geburt eines Kindes …
aus Werden wird Sein,
aus Erwartung wird Erfüllung,
aus Frage wird Antwort,
aus Schmerz wird Freude,
aus Bangen wird Glück …
Nur das Geheimnis,
das dies alles trägt,
wird immer
Geheimnis bleiben.

Irmgard Erath

*

Kinder sind Worte Gottes;
schöpferische Worte
seiner Allmacht und Weisheit,
seiner Liebe und Güte.

Adalbert Ludwig Balling

*

Jedes Kind
bringt die Botschaft mit sich,
dass Gott die Menschheit
noch nicht
aufgegeben hat.

Rabindranath Tagore

Jedes Kind,
das zur Welt kommt,
predigt sogleich
das Evangelium
der Liebe.

Karl Ferdinand Gutzkow

*

Die Kinder
sind die Sterne deines Himmels
und die Edelsteine
deiner Krone.

Michael Kardinal Faulhaber

*

Kinder waren schon immer
die Lieblinge des Herrn.
Kinder hat er seliggepriesen;
Kinder stellte er als Vorbilder hin;
Kinder umarmte und liebkoste er;
Kindern versprach er sein Reich.
Als Kind wird uns
Gottes Sohn alljährlich
in die Krippe gelegt.

Adalbert Ludwig Balling

Kapitel 2

Kinder bedeuten Leben

Wenn man so ein
kleines Kind sieht,
ist man fasziniert
von dem Wunder des Lebens.

Peter Hünermann

Zärtlicher Dreiklang

Voll Sehnsucht,
voll Hoffnung,
voll Freude,
voll Wohlwollen
erwarten Mann und Frau
die Frucht ihrer Liebe;
mit staunender Ehrfurcht
und ehrfürchtigem Staunen
begrüßen sie den
neuen Erdenbürger.
Sie sind gerührt,
sprachlos,
glücklich.
Die Zartheit des Kindes
erwartet sanfte Zuneigung,
liebkosendes Umarmen,
herzliches Liebsein.
Das zappelnde Kind
liegt ungeschützt vor ihnen;
es kann ohne den Schutz
und die Hilfe und die Sorge
der Eltern nicht leben.

Mutter und Kind
bleiben eine Einheit,
trotz der Ent-bindung.
Mutter und Kind

sind eins
in der Liebe zum Vater
und der Liebe zu dem,
der den Odem des Lebens schenkt.

Der zärtliche Dreiklang
zwischen Vater, Mutter und Kind
entspringt einer vierten Dimension:
dem göttlichen Sein
in göttlicher Liebe.

Adalbert Ludwig Balling

Geburtstagsreflexionen

Du Sonnenkind,
weißt du eigentlich,
wie gut du es hast?
Verglichen mit Millionen
und Abermillionen anderer –
die kein Heim haben
oder sich nie oder nur selten
sattessen können;
die in Kriegsgebieten leben
oder auf der Flucht – und niemanden haben,
der ihnen beisteht …

Du Glückskind –
auch wenn du so manchen Wunsch
offenhast und immer wieder mal
stöhnst und dich beschwerst
und unter der Last
deines Lebens leidest –
du hast es trotz allem
wesentlich besser
als die große Mehrzahl
aller Menschen weltweit!
Warum dankst du so selten
für das große Glück,
das dir mit in die Wiege
gelegt worden ist?

Du Gotteskind,
du feierst jährlich
den Tag deiner Geburt.
Warum bedankst du dich nicht
öfters mal bei deinen Eltern,
bei Geschwistern und Klassenkameraden;
bei Freunden und Kollegen;
bei deinem Partner/bei deiner Partnerin …
Sie alle haben ein Recht
auf deine Freundlichkeit,
auf dein Entgegenkommen,
auf deine Hilfsbereitschaft. –
Warum schließt du den aus,

der dich ins Leben gerufen;
der dir das Leben geschenkt hat –
und es dir täglich neu schenkt?

Vergiss es nie:
Der Tag deiner Geburt
ist eine Freude Gottes;
ihm gebührt
dein erstes Dankeschön.

Adalbert Ludwig Balling

Welch ein Wunder!

Der berühmte spanische Cellist,
Dirigent und Komponist
Pablo Casals (er starb 1973
im Alter von 96 Jahren) berichtet
in seinen Lebenserinnerungen
viel aus seiner Jugend.
Auch, dass er für Kinder immer
sehr großes Interesse hatte;
und er beklagt – mit Recht –
wie grobschlächtig doch oft
Erwachsene mit Kindern umgehen.
Jede Sekunde – so Casals –, die
wir in diesem Universum verbringen,

ist neu und einzigartig, denn
dieser Augenblick war
nie zuvor da und wird nie
wiederkehren. „Und was bringen wir
unseren Kindern in der Schule bei?
Dass zwei mal zwei vier ist und
dass Paris die Hauptstadt
von Frankreich ist.
Wann wird man sie lehren,
was sie selbst sind?"

Casals macht dann selbst einen
Vorschlag, wie man Kinder
unterrichten sollte. Jedem Einzelnen
sollte man sagen: „Weißt du auch,
was du bist? Du bist ein Wunder!
Du bist einmalig. Auf der ganzen Welt
gibt es kein zweites Kind, das
genauso ist wie du!
Und Millionen von Jahren sind
vergangen, ohne dass es je ein Kind
gegeben hätte wie dich!
Schau deinen Körper an;
welch ein Wunder!
Deine Beine, deine Arme, deine
geschickten Finger, dein Gang.
Aus dir kann ein Shakespeare werden,
ein Michelangelo, ein Beethoven.

Es gibt nichts, was du nicht werden könntest …“ (Vgl. Pablo Casals, Fischertaschenbuch, Frankfurt).

Ein anderes Mal erzählt Casals von seinem Bruder Enrique. Als er neunzehn wurde, bekam er seinen Einberufungsbefehl zur spanischen Armee. Er ging mit diesem zur Mutter. Und was sie ihrem Sohn sagt, hat sich Pablo zeitlebens dem Gedächtnis eingeprägt: „Mein Junge“, sagte die Mutter, „du hast niemanden umzubringen und niemand hat dich umzubringen. Dazu habe ich dich nicht geboren, weder zum Umbringen noch zum Umgebrachtwerden. Geh, verlass dieses Land!“

Und Casals berichtet weiter: Enrique verließ Spanien und ging nach Argentinien. Die Mutter habe an Enrique, dem jüngsten ihrer Kinder, besonders zärtlich gehangen. Der aber kehrte erst nach elf Jahren aus der Fremde

zurück, nachdem die Amnestie für
jene, die sich gegen das Einberufungsgesetz
vergangen hatten,
ausgerufen worden war.
Pablo Casals fügt dieser Episode die
eindringlichen Worte an:
„Wenn alle Mütter der Welt
ihren Söhnen sagen würden:
Wir haben euch nicht geboren,
damit ihr mordet
oder selbst gemordet werdet.
Geht nicht in den Krieg! –
Es gäbe, glaube ich,
keinen Krieg mehr …“

Adalbert Ludwig Balling

Wider die Weltuntergangsstimmung

Marianne Dirks sprach einmal
in einem viel beachteten Referat
von der „Enttäuschbarkeit“,
die man der Resignation entgegensetzen
müsse. Sie meinte jene Fähigkeit,
die Enttäuschungen auffängt,
verkraftet, ummünzt

in lebensbejahende Kraft.
Enttäuschbarkeit also auch
gegen Weltuntergangsstimmung,
gegen jede Art von
Welt- bzw. Lebensverneinung.
Man müsse gegen diese
pessimistischen Stimmen
„ankämpfen, anheiraten,
an-Kinder-kriegen"!

Kinder-kriegen,
um der Depression
und dem Pessimismus

Trotz zu bieten!?
Warum nicht?
Kinder bedeuten Leben.
Wer Ja sagt zum Kind,
sagt Ja zur Zukunft –
zu der des Kindes
wie zur eigenen.
Und Jasagen ist allemal
besser als resignierend zu
verneinen.

Adalbert Ludwig Balling

Was täte ich auch ohne sie?

Wie habe ich mich gefreut, dass an meinem Geburtstag alle Kinder und Enkel bei mir waren! Besonders habe ich mich über den Besuch meiner Enkel gefreut. Sie sind wie das quirlende Leben.

Wir haben viel gespielt und gelacht. Aber jetzt bin ich auch wieder froh, dass alle fort sind, dass der Sturm vorüber ist. Ich brauche jetzt Tage, bis alles in der Wohnung wieder in Ordnung ist.

Es geht nicht mehr so schnell bei mir. Aber ich nehme gern alle Umstände auf mich, weil ich froh bin, dass die Kinder und Enkel immer gern zu mir kommen!

Was täte ich auch, wenn sie wegblieben! Ich will ein offenes Haus behalten. Obwohl ich oft müde bin, freue ich mich schon wieder auf den nächsten Besuch. Es ist gut, dass mein Mann da ist und mir tatkräftig unter die Arme greift.

Eine 70-jährige Großmutter

Die kürzeste Geschichte der Welt

Einmal dürfen die Jungen Geschichten erzählen. Vater und Mutter hören zu. Dudu liegt im Kinderwagen und schläft. Erst erzählt Peter. Peter weiß eine Geschichte vom Osterhasen.

Dann erzählt Michel. Michel erzählt die Geschichte vom Sturm auf dem Meer, als der Herr Jesus im Boot lag und schlief. Michel erzählt die Geschichte falsch. Aber zuletzt hört der Sturm auf und alle sind wieder gesund. Und das ist doch richtig.

Als Michel fertig ist, sagt der Vater: „Jetzt ist Frieder dran." Frieder hat noch nie eine Geschichte erzählt. Er kann doch noch gar nicht erzählen, weil er noch nicht richtig sprechen kann. Aber Frieder nickt eifrig mit dem Kopf. Das heißt: „Ja, ich erzähle."

Dann schweigt er. Michel will Frieder auslachen. Peter denkt, das ist eine stille Geschichte. Aber Frieder lässt sich nicht drausbringen. Vater und Mutter warten.

Da schaut Frieder die Mutter an und dann erzählt er die kürzeste und die schönste Geschichte, die er erlebt hat. Sie besteht nur aus einem Wort, aber es ist doch eine ganz lange Geschichte. Frieder erzählt: „Mama!"

Da werden alle ganz still. Frieder hat die schönste Geschichte erzählt, die er kennt.

Verfasser unbekannt

Kinder spielen gern

Ist es nicht schön, Kinder spielen zu sehen? Wohl die meisten Menschen bleiben einen Augenblick stehen, wenn sie an einem Spielplatz vorbeikommen und dem Treiben der Kinder ein Weilchen zuschauen können. Die einen backen Kuchen, die anderen bauen Burgen, wieder andere beschäftigen sich mit ihrem Puppenkind oder rutschen die Rutschbahn herunter.

Kinder spielen gern. Das gilt nicht nur für die kleineren unter ihnen, sondern auch für die größeren. Spielen ist für Kinder eine der *wichtigsten* Tätigkeiten überhaupt. Nichts macht ihnen so viel Spaß und Freude, als wenn sie sich unbeschwert und vergnügt ihrem Spielzeug oder ihren Spielkameraden zuwenden können.

Spielen ist eine Aktivität, die ein Kind *reifen* lässt. Es gibt überhaupt nichts in unserem Leben, was nicht vom Spiel ausginge. Darum sagt der Dichter Friedrich von Schiller (1759–1805) mit Recht, der Mensch sei nur dort ganz Mensch, wo er spielt. Das Spiel beflügelt unser Tun. Es ist, wie einmal ein erfahrener Seelenkenner formuliert hat, „die beste Mitgift des verlorenen Paradieses".

Eine Legende erzählt: Der *Apostel Johannes* spielte als alter Mann am Meeresstrand mit kleinen Vögeln. Als seine Jünger ihn sahen, waren sie überrascht, weil der von ihnen hochverehrte Apostel sich solch einer unwesentlichen und äußerlichen Beschäftigung hingab. Sie meinten, er solle lieber beten und über die letzten Geheimnisse Gottes und der Welt nachdenken.

Johannes sah seine ratlosen und verwirrten Freunde an und sagte: „Gebt mir einen Bogen! Was geschieht, wenn er dauernd gespannt ist?“

Alle antworteten: „Er reißt.“

„Seht ihr, so ist es mit einem Menschen. Wenn er seinen Geist dauernd in Betrachtung hoher und letzter Wahrheiten anspannt, dann reißt er.“

Diese Legende ist zwar alt, aber die Wahrheit, die sie enthält, ist hochaktuell. Johannes gibt als Mittel gegen einen *überspannten Geist* – wir nennen diese Überspannung heute Stress – das *Spiel* an. Er wusste: Rastloses Tätigsein greift die letzten Energiereserven an, ruiniert die Gesundheit und wird zu einer lebensbedrohenden Gefahr.

Wir sind heute hineingespannt in ein System von Erfolg und Leistung. Wir können oft nur noch kalkulieren, spekulieren und programmieren. Wir jagen von Termin zu Termin. Vom Spiel halten wir nichts. „Es bringt nichts ein“, sagen wir in unserer modernen Überheblichkeit. Wir haben immer

„Wichtigeres“ zu tun und geben vor, keine Zeit zum Spielen zu haben.

Trotzdem gibt es keinen Zweifel daran: Das Spiel gehört wesentlich zum menschlichen Leben. Es ist ein sinnvolles Tun, das wert ist, wieder erlernt zu werden. Schon um der eigenen Gesundheit willen, für die wir heute Verantwortung tragen und die uns im Alter als kostbares Geschenk gilt.

Für ein zweckfreies, vom Erfolgszwang unbelastetes Spiel sollten wir Erwachsenen uns alle Zeit nehmen. Wir sollten die Betonmauern eiserner Zwecke, Kontoauszüge und Computer aufbrechen und uns im Spiel entspannen. Wir sollten heiter und gelöst die Zeit „verschwenden“ und dem Einfallsreichtum des Augenblicks gehorchen. Wir sollten uns – wie die Kinder – *unbeschwert, froh* und *gelassen* geben.

Viele heilige Frauen und Männer haben ihr Leben lang gerne gespielt:

– Der heilige Thomas von Aquin (1225–1274) hat gesagt, das Spiel schenke uns Freude und Erholung.

– Don Bosco (1815–1888), der große heilige Spielmeister der Jugend, lernte schon früh das Seiltanzen, Zaubern, Geigenspielen und viele andere Künste, um die Kinder seines Dorfes aus der Langeweile zu führen.

– Und die kleine heilige Theresia (1873–1897) wollte am liebsten ein „Spielball“ in der Hand Jesu sein.

Spielen ist eine *himmlische*, eine *göttliche Tugend*. Es sollte auf Erden mehr gepflegt werden – nicht nur von den „Kleinen“, sondern auch von den „Großen“. „Spielen ist eine Tätigkeit, die man gar nicht ernst genug nehmen kann“, sagt Jacques Yves Cousteau, der französische Tiefseeforscher.

Ein altes Kalenderwort sollte jeden von uns zum Nachdenken anregen: „Ein Mensch, der unfähig ist zu spielen, dessen Seele hat bereits Schaden genommen.“

Reinhard Abeln

*

Wo die Kinder eines Volkes
nicht mehr lachen,
nicht mehr spielen
und singen,
da hat das Land
seinen Frühling verloren.

Michael Kardinal Faulhaber

Über das Glücklichsein

Sie standen am Spielplatz, wo die Jungen sich tummelten, als der Schüler den Meister fragte: „Sag mir doch, wie es kommt, dass alle Menschen glücklich sein wollen und es doch nicht werden. Warum sind die Menschen nicht glücklich?“

Der Meister wies auf die spielenden Kinder: „Ich denke, die da sind glücklich!“ „Wie sollten sie es nicht“, entgegnete der Schüler. „Es sind Kinder, und sie spielen. Wie ist es aber um das Glück der Erwachsenen bestellt?“

„Wie um das Glück der Kinder – genauso“, entgegnete der Meister. Indem er das sagte, nahm er eine Handvoll Kupfermünzen und warf sie unter die spielenden Kinder. Da verstummte mit einem Mal das fröhliche Lachen und die Kinder stürzten sich auf die Münzen, um sie zu erhaschen.

Jedes von ihnen wollte möglichst viele an sich bringen. Sie lagen am Boden und rauften um das Geld. Geschrei und Gezeter hatten das fröhliche Lachen abgelöst. Das Triumphgeheul der glücklichen Eroberer, das Weinen der Unterlegenen stiegen zum Himmel.

„Und nun“, fragte der Meister, „was hat das Glück der Kinder zerstört?“ „Der Streit“, erwiderte der Schüler. „Und was erzeugte den Streit?“, fragte der Meister. „Die Gier“, erwiderte der Schüler.

„Da hast du“, sagte der Meister, „die Antwort auf deine Frage, wie es kommt, dass alle Menschen glücklich sein wollen und es doch nicht werden.“

Chinesische Legende

Kinder sind ein Wunder

Ein Kind ist ein Wunder, das unwillkürlich zum Staunen führt. Wie viel können wir von Kindern lernen! Dem, der sich darauf einlässt, sie zu beobachten, sich mit ihnen zu freuen oder mit ihnen zu leiden, erschließt sich neu, was Leben ist.

Gewiss, wir sollten nicht der Gefahr der Idealisierung erliegen. Es gibt viele offene und verborgene Nöte von Kindern. Vielleicht waren wir Erwachsenen von heute als Kinder auch nicht immer so sorglos, wie es in einer verklärenden Erinnerung scheint …

Und es ist auch wahr, dass Kinder wachsen, sich messen und groß werden wollen; die Kinder brauchen die „Großen“. Aber nicht weniger brauchen wir Erwachsenen die Kinder – und „das Kind in uns“, um ganz und wirklich Mensch zu sein.

Reinhard Abeln

Söhne und Töchter der Sehnsucht

„Deine Kinder sind nicht deine Kinder.
Sie sind die Söhne und Töchter
der Sehnsucht des Lebens
nach sich selbst.
Sie kommen durch dich,
aber nicht von dir,
und obwohl sie bei dir sind,
gehören sie dir nicht.
Du kannst ihnen deine Liebe geben,
aber nicht deine Gedanken,
denn sie haben ihre eigenen Gedanken.
Du kannst ihrem Körper
ein Heim geben,
aber nicht ihrer Seele,
denn ihre Seele wohnt im Haus von
morgen,
das du nicht besuchen kannst,
nicht einmal in deinen Träumen …
Du bist der Bogen,
von dem deine Kinder
als lebende Pfeile ausgeschickt werden."

Diese tiefsinnigen Worte schrieb
der libanesische Dichter Kahlil Gibran.
Man muss sie zwei-, dreimal lesen,
ehe man ihre ganze Tiefe erspürt,
ihre Weisheit erkennt,
ihre Innigkeit mitschwingen hört.

Söhne und Töchter der Sehnsucht!
Der Sehnsucht des Lebens!
Der Sehnsucht der Liebe!
Der Mensch lebt fort
in seinen Kindern.
Kinder sind Hoffnungen.
Kinder sind Wünsche
des Lichtes,
und des Lebens,
der Liebe
und der Freude.
Kinder sind Liebeserklärungen
vonseiten der Eltern –
an das Leben,
an die Freude am Leben.

„Wir müssen vor Hoffnung
verrückt sein“, meint Wolf Biermann
in einem Willkommenlied an
seiner Tochter Marie.
Wir müssen trunken sein vor Hoffnung.
Denn wer seine Zukunft
auf ein Kind setzt,
wirft Sonne in die Welt
und Licht in das Dunkel,
und Freude in die Traurigkeit.

Adalbert Ludwig Balling

Kinder besitzen ein grenzenloses Vertrauen

Kinder haben ein grenzenloses Vertrauen, solange sie nicht (oder nur ganz selten) enttäuscht werden. Sie sind bereit, ein Risiko einzugehen. Sie sind offen für den anderen, verlassen sich auf ihn, glauben an seine Zuverlässigkeit, räumen ihm einen Vorschuss ein. Sie fordern keine Garantien.

Wir haben als Kinder oft ein Spiel mit dem Namen „Mach die Augen zu und lass dich fallen" gespielt. Wir standen beieinander in einem Kreis, der etwa einen Durchmesser von zwei Metern hatte.

Einer von uns musste in die Mitte treten, die Füße zusammen, die Arme verschränkt, die Augen geschlossen. Und dann hieß es: „Nun schließ die Augen und lass dich nach irgendeiner Seite hin fallen – einer fängt dich schon auf!"

Ja, so kann „kindliches Vertrauen" aussehen: Kinder haben den Mut, sich fallen zu lassen. Sie sind sicher, dass sie von jemandem aufgefangen werden. Wie soll man denn als Kind auch leben können ohne dieses *spontane Vertrauen*, das die Psychologen das sogenannte „Urvertrauen" nennen?

Wilhelm Tell, der Held der bekanntesten Schweizer Sage, musste einen Apfel vom Kopf seines eigenen Sohnes schießen. Der Sohn vertraute seinem Vater voll und ganz: „Mein Vater trifft den Apfel auf meinem Kopf“, wird er gedacht haben. „Das ist ganz klar. Daran gibt es überhaupt keinen Zweifel. Mein Vater fügt mir kein Leid zu. Er passt gut auf mich auf. Ich habe grenzenloses Vertrauen zu meinem Vater.“

Bei dem Sohn gibt es kein Misstrauen – trotz der bedrohlichen Situation. Das Kind vertraut seinem Vater bedingungslos, ohne Einklammerungen und Einschränkungen, ohne Wenn und Aber, ohne Vorbehalte. Man fühlt sich geradezu an Jesus erinnert, als dieser am Kreuz hing und betete: „Vater, in deine Hände empfehle ich meinen Geist.“

Vertrauen heißt: sich öffnen für den anderen, ein Risiko bewusst eingehen, sich ausliefern, sich dem anderen überantworten. – Die Fallschirmspringer springen ins Leere. Sie vertrauen ihrem Schirm. Angst hat jeder, nicht nur beim ersten Sprung. Aber sie springen und lassen sich fallen – wie die Kinder.

Wie echtes Vertrauen aussieht, soll noch an einem abschließenden Beispiel, das ein Familienseelsorger erzählte, verdeutlicht werden. Wieder steht ein Kind im Mittelpunkt des Geschehens:

„Als ich im letzten regenreichen Sommer mit zwei Familien eine Bergwanderung machte, wurden wir von einem Gewitter überrascht. Prasselnder Regen brach herein, Donner grollten und schließlich krachten die befürchteten Blitze um uns. Und wir darinnen. Wir versuchten, vor allem die Kinder zu schützen; das Kleinste, noch kein Jahr alt, saß im Reiserucksack auf dem Rücken seines Vaters. Befürchtungen erfüllten uns Erwachsene, die wir uns nicht zu gestehen wagten. Wir eilten bergabwärts, so rasch es ging. Als ich zwischendurch nach dem Kleinsten schaute, war der inmitten von Regen und Sturm, Donner und Blitz auf dem Rücken seines Vaters eingeschlafen. Was brauchte er sich auch zu ängstigen, wenn doch der Vater ihn trug? Man wurde unwillkürlich an Jesus erinnert, der im Seesturm schlafen konnte."

Reinhard Abeln

Freudeshymne einer Mutter

Ich werde die Worte
der jungen Mutter nicht
vergessen, die nach der
Geburt ihres ersten Kindes
in ein Loblied ausbrach. –
Sinngemäß will ich ihre
Freudeshymne hier wiedergeben:

Du bist da,
mein Kind.
Du bist schön.
Du bist Leben.

Neun Monate habe ich dich
unter meinem Herzen getragen.
Ich war die Muschel,
du die Perle.
Jetzt halte ich dich
in meinen Armen.

Du bist zart
und lieblich anzusehen,
mein Kleines.
Streicheln möchte ich dich
immerfort,
streicheln und küssen.

Ich staune,
wie ein so zartes Geschöpf
so voller Leben sein kann.
Ich staune, dass du
aus mir geboren wurdest.

Ich will für dich da sein,
ich will dich nähren,
dich pflegen,
dich bewachen,
dir Wärme und Liebe schenken.
Du bist ein Teil von mir.

Jetzt beginnt unser
gemeinsames Leben.
Jetzt ist das Leben
doppelt schön.
Jetzt ist meine Freude
vollkommen …

Adalbert Ludwig Balling

Danke, dass es Dich gibt!

Ich bin so unsagbar dankbar, dass es Dich gibt.

Ich danke Dir für Dein Lächeln, für Deine Zufriedenheit, wenn Du schläfst, und Deinen drolligen Übermut, wenn Du spielst.

Deine zwei ersten Zähnchen machten mich glücklicher als meine zweiunddreißig, und wenn Du Mama sagst, werden meine Knie weich vor Glück.

Für Dich habe ich Märchen geschrieben, um sie Dir dann zu erzählen, wenn Du sie verstehst, und Dein Nachtgebet habe ich nur für Dich gedichtet.

Manche sagen, ich wäre zu wenig streng. Aber was hat Strenge denn in unserer rosa Wolke aus Glück zu suchen? Ein wenig Nachsicht und etwas Geduld

– und unsere kleinen Probleme zerfließen in Liebe,
anstatt in Strenge zu erstarren.

Brief einer Mutter an ihr Kind

Zum Nachdenken

Die Kindheit ist
nicht eine Vorbereitung
zum Leben,
sondern schon
das Leben selbst.

Peter Rosegger

*

Kinder verlassen sich ganz
auf den anderen.
Kinder wissen,
dass ihr Leben in der Hand
eines anderen liegt,
der reifer ist als sie,
stärker, erfahrener.
Sie zweifeln nicht an der Liebe.

Chiara Lubich

Kinder haben den Mut,
sich fallen zu lassen.
Sie sind sicher,
dass sie von Jemandem
aufgefangen werden.

Reinhard Abeln

*

Kinder haben
ein grenzenloses Vertrauen,
solange sie nicht
enttäuscht werden.
Sie sind bereit,
ein Risiko einzugehen.
Sie sind offen für den anderen,
verlassen sich auf ihn,
glauben an seine
Zuverlässigkeit.
Kinder fordern keine Garantien.

Reinhard Abeln

*

Die Kinder der Menschen
sind die Blumen
der Liebe
und des Erbarmens.

Kahlil Gibran

Wer seine Zukunft
auf ein Kind setzt,
wirft Sonne in die Welt
und Freude
in die Traurigkeit.

Anton Kner

*

Ein Kind
steht für das Wunder
des Neubeginns.
Es steht dafür,
dass ein Mensch,
wenn er es nur zulässt,
in sich Neues wachsen lassen
und nie Dagewesenes
herverbringen kann.

Johanna Haberer

*

Welche Überfülle
von Leben und Glück
pulst in den Kindern.
Welche ungeheure Lust
am Spielen und Lärmen,
am Sichanstrengen
und Entdecken!

Reinhard Abeln

Kinder erfrischen das Leben
und erfreuen das Herz.

Friedrich Schleiermacher

*

Kleine Kinder kennen
weder Vergangenheit
noch Zukunft und –
was uns Erwachsenen
kaum passieren kann –
sie genießen die Gegenwart.

Jean de la Bruyère

*

Süß ist der Honig,
aber süßer noch
ist ein kleines Kind.

Asiatisches Sprichwort

*

Wo Kinder sind,
da ist ein goldenes Zeitalter.

Novalis

Kinder sind des Mauses Segen
und als solchen
soll man sie erkennen,
in welcher Situation
es auch sein mag.

M. Grosse

Kapitel 3

Mit den Augen der Kinder

Man darf nicht verlernen,
die Welt
mit den Augen des Kindes
zu sehen.

Henri Matisse

Durch die Augen eines Kindes schauen

Wenn ich einen Haufen Löwenzahn sehe, ist es für mich eine Menge Unkraut, das meinen Garten überwuchert. Meine Kinder sehen Blumen für Mama und weiße Fallschirmchen, die man lustig in die Luft pusten kann.

Wenn ich einen alten Landstreicher sehe, der mich anlächelt, dann ist es für mich eine übel riechende, schmutzige Person, die wahrscheinlich Geld von mir will, weshalb ich gleich in eine andere Richtung schaue. Meine Kinder sehen jemand, der sie anlächelt und lächeln zurück.

Wenn ich Musik höre, die mir gefällt, dann fällt mir ein, dass ich kein Taktgefühl habe und keine Töne treffe, also sitze ich still da und lausche. Meine Kinder fühlen den Rhythmus und bewegen sich dazu. Sie singen die Worte. Wenn sie sie nicht kennen oder verstehen, denken sie sich ihre eigenen aus.

Wenn ich heftigen Wind auf meinem Gesicht spüre, schütze ich mich dagegen. Ich denke daran, dass der Wind meine Frisur durcheinanderbringt und mich beim Vorwärtskommen behindert. Meine Kinder schließen ihre Augen, breiten ihre Arme aus und lassen sich vom Wind schieben, bis sie lachend zu Boden fallen.

Wenn ich bete, sage ich „Herr und Allmächtiger“ und „Gib mir dies und schenke mir das!“ Meine Kinder sagen: „Hallo, Gott! Das war ein cooler Tag heute. Ich hab so viel Spaß gehabt.“

Wenn ich eine Matschgrube sehe, gehe ich um sie herum. Ich sehe verdreckte Schuhe und Kleider und schmutzige Teppiche. Meine Kinder setzen sich hinein. Sie sehen Dämme, die man bauen könnte, Flüsse, die man überqueren könnte und Würmer, mit denen man spielen kann.

Ich frage mich, ob uns die Kinder geschenkt sind, damit wir sie lehren – oder damit wir von ihnen lernen?

Autor unbekannt

Ob Gott uns lieb hat?

„Hallo, Mister Gott, hier spricht Anna“, heißt der Titel eines originellen, kindlich-philosophischen, manchmal auch derb-deftigen Buches aus England. Der 19 jährige Fynn findet ein fünfjähriges Mädchen in den Londoner Docks und nimmt es mit nach Hause.

Anna, so heißt das Kind, stellt andauernd Fragen; Fragen über Gott, die Menschen, die Welt. Fynn versucht zu antworten. Aber es fällt ihm schwer. Es sind tiefgründige Gespräche, häufig erheiternd, nicht immer be-greifbar. Aber sie regen (fast immer) zum Hinter-fragen an.

„Glaubst du, dass Mister Gott uns wirklich lieb hat?“ fragt Anna.

Fynn: „Klar, er hat überhaupt alles lieb.“

Anna: „Warum gehn dann Sachen kaputt und tot?“

Fynn: „Keine Ahnung, gibt'nen Haufen Sachen, die wir nicht wissen.“

Anna: „Na schön. Wenn wir aber so viele Sachen nicht wissen, warum wissen wir überhaupt, dass Mister Gott uns lieb hat?“

Woher wissen wir denn eigentlich, dass Gott uns lieb hat? Reine Spekulation – oder inneres Wissen? So aus dem Ärmel heraus vermuten – oder doch ein wenig mehr? Weil es uns einmal in der Schule oder in der Predigt eingehämmert wurde?

Oder haben wir selbst, ganz persönlich einmal diesen „lieben Gott“ erfahren dürfen? Dass er uns mag, trotz allem – und immer noch!? Und auch jetzt noch nach so vielen Jahren unseres Versagens?

Oder andersherum gefragt: Kann es überhaupt den „lieben Gott“ geben, einen Gott, der uns liebt – bei all dem Unheil, das er über uns kommen lässt, bei all den Kriegen und Streitereien, bei all den Schicksalsschlägen, Krankheiten und Unfällen – kann man da noch von einem uns liebenden Gott sprechen?

HERR, Du wirst bei so vielen dummen Fragen und Zweifeln gar oft über uns lächeln. Du wirst, das weiß ich, nicht aus Ärger den Kopf schütteln, wenn wir so denken, sondern schmunzeln; ja schmunzeln wirst Du und Dich amüsieren. Kein Wunder auch, wo wir längst wissen müssten, dass Du uns wirklich lieb hast, sehr lieb – so wie Eltern ihre Kinder oder ein Freund seine Freundin.

Noch viel mehr! So wie Du uns liebst, kann kein Mensch den andern lieben. Deinen Sohn hast Du gesandt, hast ihn Mensch werden – und in den Tod gehen lassen – für uns; aus Liebe zu uns. Wie können wir noch an Deiner Liebe zweifeln?

Adalbert Ludwig Balling

Die Antwort der Sechsjährigen

„Wo ist Gott?“,
fragte die Lehrerin.
Die kleine Brigitte,
knapp sechs Jahre alt,
war rasch mit ihrer Antwort:
„Gott ist dort,
wo es hell ist!“

Adalbert Ludwig Balling

Wie war das mit Lazarus?

Was ich als kleiner Junge
immer gern wissen wollte:
Warum steht in der Heiligen Schrift
kein Sterbenswörtchen darüber,
was Lazarus jenseits des Todes erlebt hatte?
Fragen, die ich diesbezüglich
an Erwachsene stellte,
wurden mit Schulterzucken
oder Nasenrümpfen quittiert.
Warum – so fragte ich später –
waren die Menschen zur Zeit Christi
weniger neugierig als heute?
Oder glaubten sie nicht so recht
an die Auferstehung?

Viel später kamen neue Fragen:
Wollte Lazarus überhaupt
ins Leben zurückgerufen werden?
Wenn nicht,
warum macht er dem Herrn keine Vorwürfe?
Oder – wie lebt ein Mensch weiter,
der schon einmal den Tod erfahren hatte?
Waren jene ihm lästig,
die sein Wissen nicht hatten?

Frage an uns heute:
Wie würden wir entscheiden,
fragte uns der Herr,
ob wir – einmal gestorben –
wieder ins Leben
zurückgerufen werden möchten?

Adalbert Ludwig Balling

Augustinus und das Kind am Meer

Diese Geschichte kennt fast jeder, der den katholischen Religionsunterricht besucht hat; sie wird immer wieder neu erzählt – auch in Katechesen und Predigten.

Der heilige Augustinus (354–430), Kirchenlehrer und Bischof von Hippo in Nordafrika, war der

Sohn eines heidnischen Vaters und der heiligen Monika. In seiner Jugend führte er ein ausschweifendes Leben. Aufgrund einer zündenden Predigt des heiligen Ambrosius von Mailand bekehrte er sich. In seinen „Bekenntnissen" gibt er ein persönliches Zeugnis seines Lebens.

Eines Tages, so berichtet er, ging er am Ufer des Meeres spazieren, ganz in der Nähe seiner Bischofsstadt Hippo. Er war tief in Gedanken versunken, grübelte nach über das Geheimnis der Dreifaltigkeit. Da sah er ein Kind, das sich eine kleine Sandgrube ausgehoben hatte und jetzt mit der Hand aus den herankommenden Meereswellen Wasser in die Grube zu schöpfen suchte.

„Was tust du da?" fragte Augustinus die Kleine.

„Ich will das Meer in die Grube füllen", antwortete das Mädchen.

„Ja, glaubst du denn, dass das ganze Meer in dieser kleinen Grube Platz hat?"

Die Kleine erwiderte: „Glaubst du denn, dass Gott mit seiner ganzen Herrlichkeit, seinem Reichtum und seiner Weisheit und Kraft in deinem Kopf Platz hat?"

Adalbert Ludwig Balling

Fragen über Fragen

Klein-Markus war vier Jahre alt. Immer, wenn Oma auf Besuch kam, überhäufte er sie mit Fragen: „Oma, wo war ich, bevor ich geboren wurde? Oma, was hat denn der liebe Gott gemacht, als es noch keine Menschen gegeben hat? Oma, wo warst du, bevor du Oma geworden bist? Oma …? Oma …?“

„Beim lieben Gott warst du, Markus. Er hat dich schon vor deiner Geburt gekannt; dich geliebt!“

Markus: „Aber wo war ich dann später?“

„Du warst auch ein wenig bei Papa und bei Mama, ehe du geboren wurdest – und dann, Markus, warst du da!“

Vier Wochen später, vier Wochen nach diesem Gespräch zwischen Markus und seiner Oma, hatte der Kleine Geburtstag. Er wurde fünf. Eine pensionierte Lehrerin ging am Garten vorbei, sah ihn spielen und fragte ihn: „Na, Markus, wie alt bist du denn jetzt?“ „Heute bin ich fünf geworden; aber eigentlich bin ich viel älter!“ – „Warum „viel älter?“

Markus: „Ja, ich war schon lange vorher beim lieben Gott!“

Adalbert Ludwig Balling

Isaac Bashevis Singer und die Kinder

I. B. Singer, Nobelpreisträger für Literatur im Jahre 1978, schrieb einmal, es gebe an die 500 Gründe dafür, dass er für Kinder zu schreiben begonnen habe.

Einige davon seien: Kinder läsen Bücher, aber keine Buchbesprechungen. Kinder wollten weder Schuldgefühle loswerden, noch ihre Identität entdecken, wenn sie über Büchern hockten. Ferner: „Kinder glauben noch an Gott, an die Familie, an Engel, Teufel, Hexen, Logik, Satzzeichen und andere antiquierte Sachen. Kinder lieben atemberaubende Geschichten …"

Singer schmunzelte den Interviewer an und fuhr dann fort: „Und noch etwas ganz Wichtiges: Wenn ein Buch langweilig ist, dann gähnen Kinder völlig ungeniert, ohne Schuldgefühle oder Angst vor Buchexperten!"

Ob er denn eine sozusagen „goldene Regel" für Kinderbuchautoren habe, fragte der Journalist weiter.

Singer schüttelte den Kopf. Nein, eine „goldene Regel" gebe es da wohl nicht.

Etwas später fügte er hinzu: „Doch. Vielleicht diese. Wer für Kinder schreiben will, muss sie gern haben!"

Adalbert Ludwig Balling

Im Geist der Kindheit

Die Sonne erhellt nur
das Auge des Mannes,
aber in das Auge und das Herz
des Kindes strömt sie hinein.
Wer die Natur liebt,
dessen innerer und äußerer Sinn
stehen auch wahrhaft
miteinander in Einklang.
Er hat sich den Geist der Kindheit
bis ins Mannesalter bewahrt.
Sein Umgang mit Himmel
und Erde wird Teil
seiner täglichen Nahrung.

Ralph Waldo Emerson

Vom Schicksal in die Hand gegeben?

Der Schriftsteller Julien Green schreibt in seinen Tagebüchern von seiner Neugierde als Kind; immer wieder habe er seine Mutter bedrängt: „Sag mal, weshalb hat Gott die Welt erschaffen, und wann hat er sie gemacht?" Und die Mutter habe dann immer nach neuen Antworten gesucht: Gott habe schon vor allem anderen existiert.

Doch das war für den kleinen Julien nicht genug: „Aber vorher? Vor dem Augenblick, in dem er zu existieren begonnen hatte – was war da gewesen?“ – Und die Antwort der Mutter habe ihn wieder nicht zufriedengestellt. Er war eben da, er (Gott) allein! Er war vor allen erdenklichen Vorhers schon da. Für ihn gab es kein Vorher!

Hartnäckig bohrte der Kleine weiter: „Und wann hört denn Gott auf zu existieren?“ Diesmal kam die Antwort der Mutter sehr rasch: „Nie; Gott hört niemals auf!“

Green später dazu: „Ein paar Sekunden lang hatte ich das Gefühl, in einen Abgrund zu stürzen …“

Ihm wurde, wenn auch nicht in seiner ganzen Tragweite, klar, dass da etwas „existiert“, was wir mit unserem kleinen Menschenverstand nicht fassen, nicht be-greifen können, dass wir nicht alles selbst bestimmen können …

Adalbert Ludwig Balling

Zum Nachdenken

Die unergründlichsten
Schulen und
die weisesten Männer
haben niemals
die Tiefe erreicht,
die den Augen eines
drei Monate alten Kindes
innewohnt.
Es ist die Tiefe
des Staunens über die Welt.

Gilbert Keith Chesterton

*

Kinder rechnen nicht
mit der Zeit,
daher ihre langen
und gründlichen
Beobachtungen.

Jakob Bosshart

*

Aus den Gesichtern der Kinder
spricht eine erwartungsvolle
Hoffnung,
eine entwaffnende Offenheit,

die mitten in die Verantwortung
der Erwachsenen zielt.

Michael Broch

*

O Kind,
was werden wir alles
erst sehen
mit deinen Augen!

Rainer Kunze

*

Kinder sehen mehr darauf,
was ihre Eltern tun,
als was sie sagen.

Sprichwort

*

Kinder
schauen uns Erwachsene an,
als ob sie sagen wollten:
Ihr Großen,
lernt wieder zu staunen!

Michael Broch

Kinder
verschließen die Ohren
vor Ratschlägen
und öffnen die Augen
für Beispiele.

Wilhelm Mühs

*

Gott sagt uns
mit den Augen der Kinder:
Guten Tag!
Mit großen Augen
erinnert er uns
an den einst fröhlichen
Anfang des Guten.

Hans Wallhof

*

Kinder sind Träumer:
Sie träumen
mit offenen Augen
von den Wundern der Welt.

Adalbert Ludwig Balling

Kommt, Kinder,
wischt die Augen aus;
es gibt hier was zu sehen
und ruft den Vater
auch heraus –
die Sonne will aufgehen.

Matthias Claudius

*

Drei Dinge
sind uns aus dem Paradies
geblieben:
Sterne,
Blumen
und Kinderaugen.

Dante Alighieri

*

Unsere Augen
sind die Fenster unseres Herzens.
Machen wir sie auf
für die Sonne am Tag
und für die Sterne in der Nacht.
Öffnen wir sie der Freude
und dem Glück.

Phil Bosmans

In deinen Augen sehe ich,
wie du Vorräte anlegst
für eine unbestimmte Zukunft.
Drum will ich jetzt mit dir
säen und ernten.

Ulrich Schaffer

Kapitel 4

Freut euch mit den Kindern!

Freude ist,
wenn Kinder ungestört
und ungehindert lärmen dürfen,
wenn sie darüber
alles andere vergessen –
und sogar das Rufen
ihrer Mütter zum Mittag- oder
Abendessen völlig überhören.

Adalbert Ludwig Balling

Freut euch wie die Kinder

Was Freude ist, können wir am besten bei den Kindern beobachten. Georg Moser, der 1988 verstorbene Bischof der Diözese Rottenburg-Stuttgart, hat einmal gesagt:

„Die Kinder machen uns vor, wie man sich freuen kann. Sie jauchzen über die Blume, den Quell, das Tier, ein Spielzeug. Froh erfahren sie ihren wendigen Leib und ihren erwachenden Geist. Sie sehnen inbrünstig das nahende Fest herbei, und sie freuen sich auf die Zeit, wenn sie groß sein werden. Sie gehen auf im Augenblick und schauen zugleich voll Erwartung in die Zukunft."

Wenn Jesus heute wieder auf die Erde kommen würde, hätte er vielleicht wieder Kinder in die Mitte der Erwachsenen gestellt und gesagt: „Wenn ihr nicht umkehrt und werdet wie die Kinder, werdet ihr nicht in das Himmelreich hineinkommen" (Mt 18,3).

Kinder brauchen keine klingenden Titel, keinen Besitz und keine Macht. Sie sind mächtig durch sich selbst, sind ein eindrucksvolles Zeichen Gottes. Kinder sind – laut Peter Rosegger – ein Buch, in dem wir Erwachsene lesen können. Sie beschenken uns mit ihrer Freude.

Reinhard Abeln

„Herr, ich bin glücklich"

Herr, ich freue mich,
weil du die Lilien des Feldes
und die Spatzen auf dem Dach liebst.

Ich freue mich, weil du keinen Unterschied machst
zwischen Weißen und Schwarzen.

Ich freue mich, weil die Wolken und die Flüsse
so unbekümmert und fröhlich sind.

Ich freue mich, weil ich jeden Tag –
fast jeden Tag! – etwas zu essen habe.

Ich freue mich,
weil ich lesen und schreiben kann.

Ich freue mich,
weil meine schwarzen Brüder und Schwestern
so gerne lachen.

Ich freue mich,
weil auch die Heiligen frohe Menschen waren.

Ich freue mich, weil deine Religion so froh macht.
Herr, ich bin glücklich.

Aus Ostafrika

Glückliche Kinder

Glück gehört im Leben zu den „Projekten", die man nicht „machen" kann, mag einer auch noch so geistreich und erfinderisch sein. Glück ist vor allem ein *Geschenk.* Es lässt sich nicht erzwingen. Man kann nur offen sein dafür. Man muss bereit sein, es zu empfangen.

Da gibt es zwei Kinder in Zentralafrika. Sie gehören zu den vom Glück „Beschenkten". Sie sind fünf und sieben Jahre alt. Ihre Familien sind durch eine hohe *Mauer* voneinander getrennt.

Die Kinder – das eine ein Junge, das andere ein Mädchen – können nicht zusammenkommen. Außerdem sprechen sie ganz verschiedene Dialekte, können sich also nicht verständigen.

Aber die beiden Kleinen haben in der Mauer ein *Loch* entdeckt. Jeden Tag geben sie einander Zeichen, treffen sich und stecken ihre Hände durch die Mauer. Sie sehen sich nicht, aber sie drücken ihre Hände – lang, oft, fest, herzlich.

Und dann sagen sie bestimmte Laute. Ihre Liebe zueinander verbindet auch unartikulierte Laute. Dann gehen die Kinder wieder, kommen wieder – und sind *glücklich*!

Reinhard Abeln

Glück ist
das lichterlohe Bewusstsein:
Diesen Augenblick
werde ich niemals vergessen.

Max Frisch

*

Versuch's mit einem Lächeln!

Eines Tages fragte eine Vierjährige ihre Mutter: „Mama, warum leuchtet die Sonne?" Die Mutter war zunächst ganz überrascht von dieser Frage, aber dann antwortete sie ihrer Tochter einfach und klar: „Weil sie lächelt."

Das Mädchen war mit dieser Antwort voll zufrieden. Es hatte ja keine naturwissenschaftliche Erklärung erwartet. Es wollte eine menschliche Antwort haben und die hatte die Mutter ihm gegeben: „Die Sonne leuchtet, weil sie lächelt."

Mit dieser Antwort konnte das Mädchen etwas anfangen. Es konnte sich richtig vorstellen, wie die Sonne leuchtet, wenn sie lächelt. Außerdem hatte die Mutter wiederholt zu der Kleinen gesagt, wenn sie besonders lieb und freundlich war: „Du bist mein Sonnenschein."

Müssten nicht auch wir im Leben viel mehr lächeln? Viel öfter, als wir es in Wirklichkeit tun? Vielleicht täten wir es, wenn wir begreifen könnten, wie sehr wir mit diesem Lächeln ein wenig Sonne für andere sind, wie sehr wir damit andere glücklich machen.

Es ist nun einmal eine Gegebenheit: Wer lächelt, wird zur Sonne, weil er dadurch Licht und Wärme in viele Dunkelheiten bringt. Wollen wir es nicht selber gleich einmal versuchen?

Reinhard Abeln

*

Der kürzeste Weg
zwischen zwei Menschen
ist ein Lächeln.

Henry Sakal

Schenk mir ein Lächeln …

Meine Nachbarin, eine Mutter von drei Kindern, wurde am Abend vor ihrem Geburtstag von ihrer Jüngsten in verzweifelter kindlicher Ratlosigkeit gefragt: „Was soll ich dir schenken, Mutti, damit es für dich eine wirkliche Freude ist?"

Darauf antwortete ihr die Mutter: „Schenk mir doch einfach ein Lächeln! Das wärmt wie die Sonne, leuchtet mehr als alle Blumen und klingt wie ein fröhliches Lied!"

Diese Mutter ist nicht nur eine kluge, sondern auch eine weise Frau. Heute sind ihre Kinder groß und haben auch in unserer leider oft so freudearmen Welt ihr bezauberndes Lächeln nicht verlernt!

Reinhard Abeln

*

Heiße dein Kind
nicht pfeifen,
wenn es lächeln soll!

Sprichwort aus Nigeria

Was ist Freude?

Freude
ist wie ein Kind vor dem Christbaum
Freude
ist wie Kinderlachen
Freude
ist wie ein Kinderkarussell
Freude
ist eine von ihren Enkeln umstürmte Oma

Freude
ist wie ein bunter Kinderchor

Freude
ist wie der Glanz von Kinderaugen
Freude
ist wie ein Baby an Mutters Brust
Freude
ist wie ein erstgeborenes Kind in der Familie

Freude
ist wie die Heimkehr ins Vaterhaus
Freude
ist, wo Kinder Ponys reiten
Freude
ist, wo junge Mädchen grundlos kichern dürfen
Freude
ist, wo man sich vom Kinderlachen mitreißen lässt

Freude
ist, wo Kindheitserinnerungen nicht verdrängt
werden
Freude
ist, wo Jugend anders sein darf
Freude
ist wie eine Mutter, die ihr Baby vorzeigt

Freude
ist, wo Kinder laut und Katzen faul sein dürfen …

Adalbert Ludwig Balling

Freude am Leben

Der amerikanische Dichter
Robert Frost schrieb einmal,
die Erde sei der richtige Ort
für die Liebe; er wisse keinen
anderen, an dem dies besser
gelingen könne.

Warum – so müssen wir uns fragen –
warum herrscht heute weithin
Pessimismus und Resignation?
Warum lassen so viele Menschen
die Flügel hängen?

Warum reden sie von Frust,
vom Aussteigen, von Nullbock?
Warum buchstabieren sie Melancholie
und Weltuntergang?

Warum reden sie – um mit Friedrich
Sieburg zu sprechen –
„der Lust am Untergang“
das Wort?

Den Kindern und Jugendlichen
prophezeien diese dusteren
Schwarzmacher schlimme Zeiten.
Sie selbst igeln sich ein,
laufen mit griesgrämigen

Gesichtern umher,
spielen den Miesepeter,
wann und wo immer sie
auftreten.

Dabei gibt es viel, sehr viel,
worüber wir uns freuen dürfen!
So viele Wunder!
So viel Wunderbares,
das uns Mut macht!
So viel Schönes,
das Licht wirft auf
die Schattenseiten des Lebens!

Adalbert Ludwig Balling

Großvaters Bart

Der kleine Emil ist auf Besuch bei seinem Großvater. Der alte Herr versteht es großartig, mit seinem Enkel umzugehen, und dieser wieder hängt mit großer Liebe an seinem Großvater und alles, was dieser macht und tut, findet die Bewunderung des kleinen Mannes.

Schon das Äußere des Großvaters ist ihm bewundernswert – besonders der lange graue Bart, der ihm bis auf die Brust herabhängt, und die große blanke, wie ein Vollmond schimmernde Glatze.

Als nun der kleine Emil wieder einmal zwischen den Knien seines im Klubsessel ruhenden Großvaters steht, fragt er: „Großvater, sag, bist du auch einmal ein kleiner Junge gewesen?"

„Aber freilich", sagt der Großvater, „freilich bin ich auch einmal ein kleiner Junge gewesen, so klein wie du – und noch kleiner!"

Da klatscht Emil vor Freude und Vergnügen in die Hände und ruft mit Lachen: „Aber Großvater, musst du komisch ausgesehen haben – mit deiner Glatze und deinem langen Bart!"

Volksgut

Kindlicher Humor

Der kleine Thomas besucht kurz vor Weihnachten seinen Onkel. Der ist Pfarrer in einer kleinen ländlichen Gemeinde.

Am Abend fragt der seinen Neffen: „Sag mal, kannst du auch singen?" Thomas nickt nur mit dem Kopf.

„Dann sing doch einmal: Stille Nacht, heilige Nacht!", sagt der Onkel.

Darauf meint der Junge: „Onkel, das Lied mag ich nicht so sehr. Ich singe lieber: Lustig ist das Zigeunerleben!"

„Vati“ sagt Detlef beim Mittagessen, „heute hat mich der Pfarrer im Religionsunterricht gelobt.“

„So, was hat er denn gesagt?“ – „Er sagte, wir alle miteinander wären Esel, der größte aber wäre ich.“

*

„Wir haben einen sehr frommen Lehrer“, erzählt Christian seinen Eltern mittags beim Essen.

„Wieso fromm?“, will daraufhin der Vater von seinem Sohn wissen.

„Ja, jedesmal, wenn ich ihm auf seine Fragen eine Antwort gebe, schlägt er die Hände über dem Kopf zusammen und sagt: Mein Gott, mein Gott!“

*

Der Lehrer fragt die Kinder: „Wer kann mir ein Beispiel dafür nennen, dass Ehrlichkeit am längsten währt?“

„Ich, Herr Lehrer“, antwortet Heiner. „Wenn ich die Rechenaufgaben abschreibe, bin ich schnell fertig, wenn ich sie allein mache, dauert es viel länger.“

*

Der Lehrer nimmt die fünf Sinne des Menschen durch. Dabei erklärt er: „Wenn ein Sinn ausfällt, ist dafür oft ein anderer Sinn feiner ausgebildet. Ein Blinder zum Beispiel kann oft besser tasten oder hören als ein Sehender.“

Tatjana: „Bei meinem Bruder ist es auch so, bei dem ist ein Bein kürzer, dafür ist das andere länger."

Doris soll im Religionsunterricht die Berufung der Apostel wiederholen. „Petrus war zuerst Fischer", erzählt sie, „und wurde dann bei Jesus Polizist."

„Polizist?", wundert sich der Pfarrer.

„Ja", erklärt Doris, „denn Jesus trug ihm ausdrücklich auf: ‚Von nun an sollst du Menschen fangen'!"

Reinhard Abeln

Lustiges aus Kindermund

„Urban, hast du meinen Rat befolgt und einen Menschen glücklich gemacht?"

„Ja, Herr Lehrer, ich habe meine Oma besucht und sie war glücklich, als ich wieder ging!"

*

„Oma, ich möchte mich für das schöne Spielzeug zu meinem Geburtstag bedanken."

„Aber das ist doch nicht nötig."

„Das finde ich auch, aber Mama hat gesagt, ich solle mich trotzdem bedanken."

Der kleine Harry sagt zu seinem Religionslehrer: „Sie haben uns in der letzten Stunde erzählt, dass Gott überall hinsehen kann. Wetten, dass Sie nicht Recht haben?“

Der Lehrer geht amüsiert auf das Angebot ein und Harry fragt: „Kann Gott durch unser Haus sehen?“

„Aber natürlich!“

Harry: „Kann er auch in unsere Gefriertruhe schauen?“

„Selbstverständlich!“

Harry: „Kann er auch in unseren Keller sehen?“

„Aber sicher!“

Da strahlt der Junge übers ganze Gesicht: „Sie haben verloren! Wir haben nämlich gar keinen Keller!“

*

„Deine Deutschnote im Zeugnis gefällt mir aber ganz und gar nicht!“, sagt die Mutter zu Christine.

Das Mädchen nickt. „Mir auch nicht, Mutti. Aber wenigstens haben wir den gleichen Geschmack!“

Reinhard Abeln

Verschiedene Werte

Von der Kanzel aus bemerkte ein Pfarrer, und nicht gerade zu seiner Freude, dass ein Opa, der mit seinem neunjährigen Enkel immer in der gleichen Bank saß, stets kurz nach Beginn der Predigt einnickte und dann bald auch hörbar schnarchte.

Er nahm sich also heimlich den Jungen vor: „Harald, du musst aufpassen, dass dein Opa bei der Predigt nicht einschläft und schnarcht. Musst ihn anstoßen oder am Ärmel ziehen! Kriegst dafür jeden Sonntag einen Euro!"

Tatsächlich, mit Freude konnte der Pfarrer am nächsten Sonntag feststellen, wie der Opa über Wasser gehalten wurde. Doch dann war es wieder vorbei, der Opa hielt wie sonst seinen Predigtschlummer.

„Aber, Harald, was ist denn los?", fragte der Pfarrer den Jungen, „Du hast ja deinen Opa nicht munter gehalten!"

„Entschuldigen Sie, Herr Pfarrer, aber er gibt mir dafür jeden Sonntag … zwei Euro!"

Reinhard Abeln

Die Segensbitte

Bei der Verfilmung des Romans „Don Camillo und Peppone“ spielte der weltberühmte Fernandel eine Rolle als Priester. Während einer Drehpause wurde er von einem kleinen Mädchen um seinen Segen gebeten.

Fernandel antwortete auf diese Bitte ein wenig verlegen: „Mein Kind, ich bin gar kein richtiger Priester. Ich spiele diese Rolle nur für den Film.“

Aber das kleine Mädchen ließ nicht locker:

„Das macht überhaupt nichts. Ich brauche ja den Segen nicht für mich selbst, sondern nur für meine Puppe!“

Reinhard Abeln

Der altkluge Hinterbänkler

Pater Michael, Missionar in Ostafrika, tritt vor die Klasse. Religionsunterricht in der Fastenzeit.

Große Kulleraugen gucken ihn an; 40 farbige Kinder lauschen seinen Worten. Der Missionar erläutert das Leiden Christi. Da fängt einer der Buben zu weinen an. Warum er denn weine, fragt der Pater.

Schluchzend antwortet der Bub: „Weil der Heiland so viel hat leiden müssen!“

Jetzt meldet sich ein drei Jahre älterer Junge in der letzten Bank: „Wissen Sie, Herr Pater, der meint, das sei alles wahr, was Sie uns soeben erzählt haben!"

Adalbert Ludwig Balling

Christliche Begrüßung

Die Mutter schickt die siebenjährige Elena zum Ortspfarrer, um ihm eine Nachricht zu bringen. Die Kleine nickt, fragt aber vorsichtshalber nach: „Den Pfarrer begrüßt man doch mit: ‚Gelobt sei Jesus Christus!' Oder?"

„Richtig", antwortet die Mutter und schickt die Kleine auf den Weg.

Als Elena zurückkommt, fragt die Mutter: „Na, wie war's? Hat alles geklappt?"

Elena: „An sich schon; aber weil die Schwester, die wo aus Afrika auf Urlaub ist, aufgemacht hat, hab ich sie anders begrüßt."

„Wie denn?" Will die Mutter wissen.

Elena: „Ich hab einfach gesagt: ‚Gegrüßt seist du, Maria!'"

Adalbert Ludwig Balling

Firmung gespielt!

In einer mexikanischen Volksschule imitieren die Kinder das Personal der Pfarrei; sie spielen den Pfarrer nach, den Kaplan, die Schwestern – und gelegentlich auch den Bischof.

Während des Religionsunterrichts beginnt plötzlich der kleine Antonio fürchterlich zu schreien. Der Kaplan rennt zu ihm hin und fragt, was denn los sei.

Schluchzend bekennt der Kleine: „Wir, der Angelo und ich, haben Bischof gespielt – und da hat der Angelo mich zu stark gefirmt!"

Adalbert Ludwig Balling

Schwester Paulines Nichte

Die kleine Claudia sagt zu ihrer Tante Pauline, eine Missionarin in Indonesien, doch jetzt auf Heimaturlaub in Oberbayern:

„Tante, kannst du aber froh sein, dass sich der heilige Paulus noch rechtzeitig bekehrt hat!"

Die Schwester, leicht verdutzt: „Warum denn? Was meinst du damit, Claudia?"

Die Kleine, selbstsicher und mutig: „Weil du sonst nicht Pauline, sondern Sauline heißen würdest!"

Adalbert Ludwig Balling

Glücklich ist einer ...

... der sich über lärmende Kinder nicht ärgert, der Hunde bellen und Katzen miauen lässt;

... der sich Zeit nimmt, Kinderfragen zu beantworten;

... der Kinder liebt, auch wenn es ihm versagt blieb, selbst Kinder zu haben;

... der sich nicht schämt, auf dem Jahrmarkt in ein Karussell zu steigen. (Jeder braucht die Erinnerung an unbeschwerte Kinderjahre.);

... der Zeit hat für seine Enkel, auch wenn sie ihn um sein wohlverdientes Mittagsschläfchen bringen;

... der gern an seine Kindheit denkt. (Je älter man wird, umso sorgfältiger hütet man seine Erinnerungen.).

Adalbert Ludwig Balling

Zum Nachdenken

Lachst du Kinder an,
lachen sie zurück.
Lachst du Große an,
fragen sie sich:
„Warum lacht der?“

Phil Bosmans

*

Kinder sind unsere Zukunft.
Wer darum sagt,
dass er Kinder mag,
meint nicht nur,
dass er das Lachen,
die Fröhlichkeit
und den Witz der Kinder mag.
Er liebt in den Kindern
das Leben schlechthin.

Gerhard Eberts

*

Seine Freude in der Freude
des anderen finden können –
das ist das Geheimnis
des Glücks.

Georges Bernanos

Lieber Gott,
was für einen Zweck hat es,
brav zu sein,
wenn es niemand sieht?

Kinderbrief an den lieben Gott

*

Wer seine Zukunft
auf ein Kind setzt,
wirft Sonne in die Welt
und Freude in die Traurigkeit.

Reinhard Abeln

*

Jeder Mensch
muss bestrebt sein,
sich sein fröhliches
kindliches Herz zu bewahren.
Frohe Menschen sind stark
in der Nächstenliebe.

Nach Arnold Janssen

Ohne eine heitere,
vollwertige Kindheit
verkümmert
das ganze spätere Leben.
Das Kind
wird nicht erst ein Mensch,
es ist schon einer.

Janusz Korczak

*

Freude und Lächeln
sind Tor und Pforte,
durch die viel Gutes
in den Menschen
hineinhuschen kann.

Christian Morgenstern

Kapitel 5

Kinder sind ein Vorbild

Das Gesetz der Liebe
lässt sich am leichtesten
durch das Beispiel der Kinder
verstehen und erlernen.

Mahatma Gandhi

Kinder sind ein Vor-Bild

Auf die Frage, warum er so viele Kinderbilder, Kinderbriefe, Kinderaufsätze, Kindergedichte und Kindergebete sammle, sagte ein Pfarrer: „Von Kindern können wir Erwachsene ungeheuer viel lernen. Da, wo Kinder auftauchen, bekommt alles ein frisches und natürliches Gesicht – voller Farbe, Wärme und Leben. Was steckt nicht alles in einem Kind, was wir Großen längst verloren haben! Darum versuche ich immer wieder, in die Kinder hineinzuhorchen und von ihnen zu lernen."

Diese Sätze erinnern an einen Abschnitt im Markusevangelium (Mk 10,13–16). Jesus ist darüber entrüstet, dass seine Jünger die Eltern, die ihre Kinder zu ihm bringen wollen, schroff abweisen, und sagt ihnen: „Lasst die Kinder zu mir kommen, hindert sie nicht daran! Denn Menschen wie ihnen gehört das Reich Gottes." Und er fährt fort: „Wer das Reich Gottes nicht so annimmt wie ein Kind, der wird nicht hineinkommen."

Jesus sagt dies nicht nur den Jüngern, sondern auch allen Erwachsenen heute: Schaut euch die Kinder an! Sie geben ein Beispiel, sie sind ein Vor-Bild. Sie sind genau das Bild, das ich von den Menschen vor Augen habe, die in das Reich Gottes kommen sollen. Als einmal die Jünger Jesus fragen, wer im

Himmelreich der Größte sei, ruft er ein Kind herbei, stellt es in ihre Mitte und sagt: „Wenn ihr nicht umkehrt und wie die Kinder werdet, könnt ihr nicht in das Himmelreich kommen“ (Mt 18,3).

Die Erwachsenen sollen also wie die Kinder werden, damit sie in Gottes Reich und in seine Nähe kommen können. Und wie sind Kinder? Kinder können sich an kleinen Dingen freuen. Sie können offen und ohne Vorurteile auf andere Menschen zugehen. Sie sind mutig und spontan, begeisterungsfähig und vertrauenswürdig, herzlich und natürlich. Nichts ist bei ihnen verkrustet, verhärtet oder festgefahren. Sie haben eine gleichsam verschwenderische Art, Liebe zu geben und Liebe zu empfangen.

Kinder brauchen keine klingenden Titel, keinen Besitz, keine Macht. Sie sind mächtig durch sich selbst, sind ein eindrucksvolles Zeichen Gottes. Kinder haben offene Augen und Ohren für das, was Gott ihnen schenken will. Sie freuen sich darüber, dass sie zu Gott gehören, und sprechen ganz menschlich mit ihm. Kinder sind – laut dem österreichischen Volksschriftsteller Peter Rosegger (1843–1918) – ein „Buch“, aus dem wir Erwachsenen lesen können. Sie haben uns viel, ja Lebenswichtiges zu sagen.

Im Gegensatz zu Kindern sind Erwachsene kontrolliert, mündig, sachlich, selbstbewusst. Sie sind bestückt mit Verhaltensweisen, die Gefühle und Träume und unbekümmerte Lebensfreude fast gänzlich ausschließen. Erwachsene zeigen keine Schwäche, investieren kein Vertrauen. Sie müssen groß sein, etwas vorstellen, Haltung bewahren, die Fantasie im Zaum halten. Sie finden Computer wichtiger als Schmetterlinge. Sie sind davon überzeugt, dass das Leben kein Spiel ist. Kurzum: Sie sind zu viel Kopf und zu wenig Herz.

„Kinderwerden" ist laut Jesu Botschaft unsere Aufgabe, ja, unsere tägliche Aufgabe. Reinhold Schneider (1903–1958), der bekannte Schriftsteller und Historiker, gestand einmal, dass ihm die Aufgabe, wie ein Kind zu werden, als das Schwerste am Christentum erscheine. Wir dürfen aber so werden. Es ist eine Gnade, um die wir oft bitten sollten.

Jesus selbst hat uns diese Haltung seinem Vater gegenüber vorgelebt. Er ist das schönste und beste Beispiel für die kindliche Haltung, die er von uns fordert. Er ist das Kind Gottes – der Sohn. Er hat als Erster das Reich Gottes angenommen wie ein Kind und sagt jedem von uns: „Hab keine Angst vor Gott! Sag Du zu ihm! Du bist sein Kind, sein Sohn, seine Tochter. Gottes Arme sind immer für dich offen. In ihnen darfst du dich angenommen und geborgen fühlen."

Für unser Bemühen, wie ein Kind zu werden, hat uns André Gide (1869–1951), der französische Schriftsteller, ein ebenso zutreffendes wie schönes Gebet geschenkt: „Mein Gott, ich komme zu dir, wie ein Kind, das ich nach deinem Willen werden soll; wie ein Kind, das der wird, der sich ganz dir überlässt. Alles, was meinen Stolz ausmacht und was mich in deiner Gegenwart beschämt, lasse ich hinter mir. Ich will dich hören und unterwerfe dir mein Herz."

Wir schaffen es nicht aus eigener Kraft, wie ein Kind zu werden und in Gottes Reich zu kommen. Wir müssen Gott bitten, dass er uns hilft und dass er – so wie Jesus damals die Kinder – uns alle in seine Arme nimmt, die Hände auflegt und uns segnet. Nur so werden wir eine große Familie der Kinder Gottes, denen die Stimme des Vaters aus dem Himmel zuruft: „Du bist mein geliebter Sohn, du bist meine geliebte Tochter, an dir habe ich Gefallen gefunden" (Mk 1,11).

Reinhard Abeln

Das Mädchen sagte nur: Komm!

Es war während einer Islandreise, da hatte eine deutsche Touristin ein eigenartiges Erlebnis in der Nähe von Höfn im Osten der Insel. Als sie eines Abends noch ein wenig alleine spazieren ging, traf sie ein 6–7-jähriges Mädchen, das sehr eindringlich zu ihr sagte: „*Komm!*"

Erst wollte die Touristin gar nicht darauf eingehen, doch die Kleine blieb beharrlich bei dem einen Wort: „*Komm!*" Schließlich ging die Deutsche doch mit der Kleinen, wenn auch zögernd.

Das Mädchen führte sie zu einem Haus, wo sie eine Frau im Bett vorfand. Sie begrüßte die Kranke (wie in ihrer bayerischen Heimat gewohnt) mit Grüß Gott!

Da rief die Kranke ganz erregt: „Um Gottes willen, wo kommen Sie denn her?"

Wie sich später herausstellte, im Laufe eines längeren Gesprächs, war die Frau, die Mutter des Mädchens, nach Kriegsende aus der DDR als Dienstmagd nach Island gekommen, zu einem Bauern, dessen Frau sie später wurde. Doch weil der Boden sehr karg war und wenig Ertrag abwarf, überredete die Deutsche ihren Mann, den Beruf zu wechseln.

Daher zogen sie in die Gegend von Höfn und der Mann wurde Fischer. Das heißt, er wollte Fischer werden. Aber er kehrte von der ersten Ausfahrt nicht mehr zurück. Seitdem war die kranke Frau mit der Kleinen allein.

Heimweh plagte sie, ur-tiefes Heimweh. Und so sprach sie wohl auch hin und wieder Deutsch, wohl wissend, dass das Mädchen sie nicht verstehen würde. Auch das Wort „Komm!" hatte die Kleine auf diese Weise gelernt, ohne genau zu wissen, was es bedeutet.

Nachdem die deutsche Touristin und die kranke Frau (und Mutter der Sechsjährigen) eine Zeit lang miteinander gesprochen hatten, kehrte die Reisende zu ihrer Gruppe zurück und berichtete von ihrem Erlebnis – und gemeinsam gingen sie jetzt zum Haus der Kranken zurück und brachten ihr ein Ständchen mit deutschen Volksliedern.

Tränen kullerten der Kranken über die Wangen. Freudentränen! Und die Kleine nahm ihre Mutter an der Hand und sagte auf Isländisch: „Jetzt weißt du, was wir künftig miteinander singen müssen, wenn du wieder mal sehr traurig bist!"

Adalbert Ludwig Balling

Einfach

Ein Jugendlicher am Rande des Berliner Katholikentages (1980):

„Ich habe Mutter Teresa gehört. Sie sprach Englisch – und ich verstehe kein Englisch, aber ich habe sie verstanden – jedes Wort!“

Adalbert Ludwig Balling

*

„Nur das,
was einer
wirklich ist,
hat heilende
Kraft.“

C. G. Jung

Es war sein Pausenbrot

Eines Morgens klopfte es an meiner Bürotür. Zwei afrikanische Buben, vielleicht elf, zwölf Jahre alt, baten um Einlass. Der eine war der Erstgeborene eines unserer afrikanischen Lehrer; den andern kannte ich noch nicht.

Das sei sein bester Freund, erklärte der Lehrerbub, der übrigens neben seinem christlichen Namen – er wurde auf Elmar (Elima!) getauft, nach dem Namen meines Vorgängers auf der Station – noch einen Kralnamen bekommen hat: Seine (bereits christlich getauften) Eltern nennen ihn *Watatu*, wörtlich: *Jetzt sind wir zu dritt!*

Der Junge war der Erstgeborene seiner Eltern. Ein wirklich schöner und sinnvoller Name!

Erst waren die beiden Buben ein wenig schüchtern, aber dann rückten sie doch mit ihrem Anliegen heraus: Sie möchten später einmal studieren und auch Pater werden! Ich ermunterte sie, zunächst einmal durch gute Schulnoten zu beweisen, dass sie das nötige Rüstzeug mitbrächten.

Dann erzählte ich ihnen ein wenig über meine Ausbildung und Laufbahn, auch über meine Familie – meine Mutter und meine Geschwister, und dass mein Vater schon gestorben sei, als ich erst 16 war.

Ehe sich die beiden Buben wieder verabschiedeten, griff Watatu in seine Hosentasche, holte einen gekochten Maiskolben hervor (eine Delikatesse für jeden Afrikaner!) und schenkte ihn mir. Ich musste den Maiskolben annehmen, obgleich ich wusste, dass es das Pausenbrot des Jungen war.

Ein von Herzen überreichtes oder gar vom Mund abgespartes Geschenk darf man auf keinen Fall ausschlagen …

Adalbert Ludwig Balling

Der lange Weg ist auch ein Geschenk

Aus der Südsee kommt folgende Story: Die Lehrerin hatte gerade versucht, den Kindern etwas über die Tage und Wochen vor Weihnachten zu erzählen. Dieses Fest erinnere uns an die Liebe Gottes zu allen Menschen: Gottes Sohn sei Mensch geworden, sein größtes Geschenk! Nun liege es an uns, einander zu beschenken und somit zu zeigen, dass wir einander liebten und uns gegenseitig Frieden und Freude wünschten.

Am letzten Schultag vor Weihnachten schenkte ein Junge der Lehrerin eine Muschel, ein außergewöhnlich schönes Exemplar. Wo er sie gefunden habe, wollte die Lehrerin wissen. Der Junge antwortete: Es gebe nur eine einzige Stelle auf der ganzen

Insel, wo man gelegentlich solche Muscheln fände, etwa 20 Kilometer entfernt!

„Eine wunderschöne, einmalige Muschel!“ sagte die Lehrerin erneut und klopfte dem Buben anerkennend auf die Schulter. „Sie wird mich immer an dich erinnern. Aber du solltest nicht so weit laufen, nur um mir ein so wertvolles Geschenk zu machen!“

„Ach“, erwiderte der Junge, „der lange Weg ist doch ein Teil des Geschenks!“

Adalbert Ludwig Balling

Das Napalm-Mädchen aus Vietnam

Das „brennende Mädchen“ namens Kim (Phuc Phan Ti) erregte weltweites Aufsehen, als es 1972 splitternackt – zusammen mit anderen Kindern – vor den Napalmbomben amerikanischer Flugzeuge (Vietnamkrieg!) zu fliehen suchte. Pressefotograf und Kriegsreporter James Nachtwey hielt die Szene fest.

Die damals neunjährige Kim wurde später in Deutschland mehrere Male operiert, inklusive Hauttransplantationen. Während dieses Europaaufenthalts konvertierte sie zum christlichen Glauben, ehe sie in ihre Heimat nach Ostasien zurückkehrte.

Die (für sie neue) Religion und das Beispiel europäischer Christen habe ihr geholfen, auch die schrecklichen Erfahrungen der Kriegsjahre zu verarbeiten. Seitdem bete sie täglich für den Frieden in der Welt. Sie wisse sehr wohl: „Wir können die Vergangenheit nicht ändern, aber wir können mit viel Liebe die Zukunft heilen helfen!“

Im Februar 2019 hat Frau Kim, das Napalmgirl von damals, den Dresdner Friedenspreis erhalten und zwar in Anerkennung „ihres jahrzehntelangen Engagements für den Frieden in der Welt – trotz chronischer Schmerzen aufgrund vieler Brandnarben“.

Die Laudatio hielt übrigens der amerikanische Pressefotograf James Nachtwey, derselbe Nachtwey, der 1972 die brennenden Napalmkinder in Vietnam fotografiert hatte. Seine Fotos alarmierten damals die ganze Welt.

Adalbert Ludwig Balling

Die Apfelsine des Waisenknaben

Schon als kleiner Junge hatte ich meine Eltern verloren und kam mit neun Jahren in ein Waisenhaus in der Nähe von London. Es war mehr ein Gefängnis. Wir mussten vierzehn Stunden am Tag arbeiten – im Garten, in der Küche, im Stall, auf dem Felde. Kein Tag brachte eine Abwechslung und im ganzen Jahr gab es für uns nur einen einzigen Ruhetag: Das war der Weihnachtstag.

Dann bekam jeder Junge eine Apfelsine zum Christfest. Das war alles. Keine Süßigkeiten, kein Spielzeug. Aber auch diese eine Apfelsine bekam nur derjenige, der sich Laufe des Jahres nichts hatte zuschulden kommen lassen und immer folgsam gewesen war. Diese Apfelsine an Weihnachten verkörperte die Sehnsucht eines ganzen Jahres.

So war wieder einmal das Christfest herangekommen. Aber es bedeutete für mein Knabenherz fast das Ende der Welt. Während die anderen Jungen am Waisenhausvater vorbeischritten und jeder seine Apfelsine in Empfang nahm, musste ich in einer Zimmerecke stehen und zusehen. Das war meine Strafe dafür, dass ich eines Tages im Sommer aus dem Waisenhaus hatte weglaufen wollen.

Als die Geschenkverteilung vorüber war, durften die anderen Knaben im Hof spielen. Ich aber musste in den Schlafraum gehen und dort den ganzen Tag über im Bett liegen bleiben. Ich war tieftraurig und beschämt. Ich weinte und wollte nicht länger leben.

Nach einer Weile hörte ich Schritte im Zimmer. Eine Hand zog die Bettdecke weg, unter die ich mich verkrochen hatte. Ich blickte auf. Ein kleiner Junge namens William stand vor meinem Bett, hatte eine Apfelsine in der rechten Hand und hielt sie mir entgegen. Ich wusste nicht, wie mir geschah. Wo sollte eine überzählige Apfelsine hergekommen sein?

Ich sah abwechselnd auf William und auf die Frucht und fühlte dumpf in mir, dass es mit der Apfelsine eine besondere Bewandtnis haben müsse. Auf einmal kam mir zum Bewusstsein, dass die Apfelsine bereits geschält war, und als ich näher hinblickte, wurde mir alles klar und Tränen kamen in meine Augen, und als ich die Hand ausstreckte, um die Frucht entgegenzunehmen, da wusste ich, dass ich fest zupacken musste, damit sie nicht auseinanderfiel.

Was war geschehen? Zehn Knaben hatten sich im Hofe zusammengetan und beschlossen, dass auch ich zu Weihnachten meine Apfelsine haben müsse. So hatte jeder die seine geschält und eine Scheibe abgetrennt und die zehn abgetrennten Scheiben hatten sie sorgfältig zu einer neuen, schönen und runden Apfelsine zusammengesetzt.

Diese Apfelsine war das schönste Weihnachtsgeschenk in meinem Leben. Sie lehrte mich, wie trostvoll echte Kameradschaft sein kann.

Charles Dickens

*

Wer liebt, sagt Du, nicht Ich.

Kyrilla Spiecker

Ein kleiner Junge zeigt Herz

Im Sprechzimmer eines Arztes saß ein kleiner Junge mit seiner Mutter. Während sie darauf warteten, vom Arzt hereingerufen zu werden, entwickelte sich zwischen den beiden ein Gespräch über eine Fliege, die am Fenster hin- und hersurrte.

Der Junge: „Mutti, warum ist die Fliege hier im Zimmer?"

Die Mutter: „Weißt du, draußen ist es jetzt kalt und hier so warm und da ist die Fliege einfach hierher geflogen."

Der Junge: „Warum zieht denn die Fliege keine Jacke an, wenn es so kalt ist?"

Die Mutter: „Sie hat keine Arme für die Ärmel und eine so kleine Jacke für Fliegen gibt es gar nicht."

Der Junge: „Dann soll die Fliege hier bleiben, bis es draußen wieder warm ist."

Die Geschichte stimmt nachdenklich. Die Sorge, die der Junge um die kleine Fliege hatte, sollte nicht auf Tiere beschränkt bleiben. Sie muss erst recht für den Menschen gelten.

Der Mensch braucht Wärme, eine Jacke, die er anziehen kann, um nicht zu erfrieren. Mit anderen Worten: Er braucht einen Raum der Geborgenheit, das Gefühl, angenommen zu sein, er braucht Liebe. Sonst kann er den Winter nicht überstehen.

Ohne Liebe ist das Leben nicht zum Aushalten. Das gilt für den Mann, der mitten im Beruf steht ebenso wie für die Frau, die Last und Sorge für ihre Familie trägt, oder für den alten Menschen, der sich täglich fragt: „Wie lange noch und wozu und dann wohin?"

Was wir heute brauchen, sind Menschen, die auf andere zugehen, die wissen, was in <u>dieser</u> Stunde <u>diesem</u> Menschen guttut. Kurz: Wir brauchen „Menschen mit Herz", Menschen, die so für andere sorgen wie der Junge für seine Fliege.

Jeder darf sich darum die Frage stellen: Gehöre ich zu diesen „Menschen mit Herz"?

Reinhard Abeln

Als Gott dich schuf,
machte er dich
zu einem Liebenden.

Maria Nels

Kinder haben nur ein Gesicht

Kinder können launisch und eigensinnig sein – wie Maulesel. Das weiß jeder, der mit ihnen zu tun hat. Sie sind aber auch ebenso köstlich und herzlich, erfrischend und erquickend. Kinder haben nur *ein* Gesicht. Sie können sich nicht verstellen und wissen nicht, was Heimtücke und Arglist ist. Sie sind zutraulich und empfänglich für alles Gute und Schöne.

Walter Kardinal Kasper (Rom) sagt: „Kinder können sich an kleinen Dingen freuen, sie können traurig sein und weinen und oft auch schnell wieder lachen; sie können offen und ohne Vorurteile auf andere Menschen zugehen, mit ihnen sprechen, sie berühren; sie sind geradeheraus. Wie arm wären wir ohne Kinder?"

Manche ihrer Aussagen empfindet man noch nach langer Zeit als Geschenk. Ein Lehrer berichtet: „Einmal sagte ich zu einem Kind, das mir wiederholt einen Gefallen getan hatte: ‚Du bist immer so lieb. Was kann ich dir schenken?' Darauf die Kleine: ‚Mir brauchen Sie nichts zu schenken. Mir reicht's, wenn Sie mich mögen!' Diese kleine Begebenheit geschah vor zehn Jahren, aber ich habe sie bis zum heutigen Tage nicht vergessen".

„Alles *Sein* ist für ein Kind *Mitsein*", schreibt Heinrich Spaemann in seinem Bändchen „Orientierung am Kind" (Patmos Verlag, Düsseldorf 1973). „Allen Geschöpfen ist es verbrüdert: der Schnecke, dem Mond, dem Hündlein, der Blume, dem Menschen. Es weint mit den Weinenden, es ist fröhlich mit den Fröhlichen."

Reinhard Abeln

„Du, dich mag ich"

„Wir hatten kürzlich", schrieb eine Ordensschwester in einem Brief, „in unserem Kindergarten ein Fest. Es gab einen offiziellen Teil, in dem die Kinder verschiedene Darbietungen aufführten, und es gab einen weniger offiziellen Teil, da machten wir miteinander Unfug. Wir spielten ‚Hoppe, hoppe Reiter' und sangen das Lieblingslied des Kasperle: ‚Halli, hallo, ich hüpfe wie ein Floh'.

Plötzlich stupste mich ein kleines Mädchen am Arm. Die Kleine hatte es ganz wichtig mit dem, was sie mir mitteilen musste. Sie strahlte mich an und sagte: ‚Du, dich mag ich!' Wir haben uns einen Moment angeschaut und dann habe ich gesagt: ‚Ich dich auch.' Sie hat sich riesig gefreut. Ja, beide haben wir uns gefreut."

So sind Kinder. Sie drücken ihre Zuneigung und Sympathie für jemanden, den sie mögen, ganz spontan aus. Sie sind ohne Falsch. Ihnen liegt das Herz auf der Zunge, und deshalb sagen sie auch, was sie empfinden: „Du, dich mag ich."

Wir Erwachsenen dagegen meinen, den Verstand vor das Herz schieben zu müssen. Warum eigentlich? Sind die Enttäuschungen, die wir mit unserer Ehrlichkeit erlebt haben, so groß, dass Vorsicht geboten erscheint? Was hindert uns, einen so wichtigen Satz, wie ihn das kleine Mädchen formuliert hat, immer wieder auszusprechen?

Reinhard Abeln

Die drei Söhne

Drei Frauen waren unterwegs zu einem Brunnen, um dort Wasser zu holen. Nicht weit davon saß ein alter Mann und hörte mit an, wie die Frauen ihre Söhne lobten.

„Mein Sohn“, sagte die erste Frau, „ist geschickter und behänder als alle anderen.“

„Mein Sohn“, sagte die zweite Frau, „singt so herrlich wie eine Nachtigall. Es gibt niemanden, der eine so schöne Stimme hat wie er.“

„Und du? Was kannst du von deinem Sohn Lobenswertes sagen?“, fragten sie die dritte Frau, als diese schwieg.

„Mein Sohn hat nichts, was ich besonders loben könnte“, entgegnete diese. „Mein Sohn ist ein gewöhnlicher Junge und hat nichts Bewundernswertes an sich.“

Die Frauen füllten ihre Eimer am Brunnen und gingen heim. Der alte Mann aber schritt langsam hinter ihnen her. Die Eimer, voll des Wassers, waren schwer und die Arme der Frauen schwach. Deshalb machten sie unterwegs eine Ruhepause.

Da kamen ihnen ihre drei Jungen entgegen. Der Erste stellte sich auf die Hände und schlug Rad um Rad. Die Frauen riefen: „Was für ein geschickter Junge!“

Der Zweite sang so herrlich wie die Nachtigall und die Frauen hörten ihm zu, Tränen in den Augen.

Der dritte Junge aber lief zu seiner Mutter, hob ihren Eimer hoch und trug ihn heim.

Da fragten die Frauen den alten Mann: „Was sagst du zu unseren Söhnen?“

„Wo sind eure Söhne?“, fragte der alte Mann verwundert. „Ich sehe nur einen einzigen Sohn!“

Leo N. Tolstoi

Mit dem heiligen Brot unterwegs

„Wer geht und bringt den Gefangenen die heilige Kommunion?“ fragte der Priester.

Er hatte gerade die heilige Messe in einer Grabstätte unter der Erde gefeiert.

Ein Erwachsener durfte sich nicht zu den vielen gefangenen Christen trauen. Er wäre sofort verhaftet worden.

Da trat der junge Tarcisius vor: „Ich gehe“, sagte er. „Sende mich!“ Tarcisius war kaum fünfzehn Jahre alt.

„Ich bin der Beste im Sport. Ich kann mir schon helfen. Außerdem sind so früh am Tag kaum Leute auf der Straße“, sagte er. Da durfte er gehen.

Das heilige Brot, der Leib Christi, wurde sorgsam in eine Büchse gelegt.

Tarcisius versteckte sie unter seinem Gewand.

Dann machte er sich auf den Weg zu den Christen im Gefängnis der Stadt Rom.

Tarcisius ging langsam und nachdenklich. Er wusste, was er bei sich trug.

Er hatte sein Ziel noch nicht ganz erreicht, als eine Gruppe von wilden Straßenjungen auf ihn zustürmte. Einer von ihnen kannte Tarcisius.

„Schlagt ihn nieder, er ist ein Christ", schrie er.

„Er versteckt etwas unter dem Gewand! Entreißt es ihm! Er trägt das Geheimnis dieser Christenhunde bei sich!"

Da fielen sie über ihn her und warfen ihn zu Boden. Tarcisius wehrte sich heftig, aber es waren zu viele.

Erst als sich ein Wachsoldat näherte, liefen sie davon. Tarcisius lag wie tot da. Er war schwer verletzt. Die Büchse mit dem Leib Christi hatte er sich nicht entreißen lassen. Der Wachsoldat war ein Christ. Er brachte den Jungen in das Haus einer christlichen Frau, die in der Nähe wohnte. Sie konnte für ihn sorgen. Die Büchse aber versteckte er unter seinem Mantel und trug sie ins Gefängnis.

Tarcisius starb später an seinen Verletzungen.

Die Inschrift auf einer Steintafel erinnert bis heute an seine Tat.

Überlieferte Legende

Tarcisius, der mutige und vorbildhafte Kinderheilige aus dem 3. Jahrhundert, ist der Patron der Ministranten. Auf Bildern wird er in Knabenkleidung oder als Diakon dargestellt. Als Attribute hat er Palme, Hostie und Steine bei sich. Manchmal wird auch das Martyrium, die Erschlagung durch Steine, abgebildet.

Kinder können vergeben

Kinder verzeihen meist sehr schnell. Demjenigen, der ihnen etwas angetan hat, vergeben sie rasch. Sie tragen keinem etwas nach – und wenn, dann gilt dies nur für kurze Zeit. Ihr Groll ist bald verflogen.

Die Geschichte, die eine Lehrerin ihrer zweiten Grundschulklasse vorlas, hieß *„Knubbel"*. „Knubbel" war eine Wollpuppe, die Peter, der Jüngste in der Familie, ganz innig liebte. Nachts lag „Knubbel" neben ihm im Bett, denn ohne ihn konnte er nicht einschlafen. Peter erzählte seinem Freund alles, was er auf dem Herzen hatte. „Knubbel" trocknete auch seine Tränen, wenn er mal weinte.

Peters Mutter war ins Stricken vernarrt. Für die ganze Familie strickte sie immer wieder Pullover, im Moment gerade für sich einen mit Rollkragen.

Und dann passierte es: Die Wolle ging aus. Es gelang der Mutter nicht, so sehr sie sich auch darum bemühte, irgendwo die gleiche Wolle zu bekommen.

Da fiel ihr Blick auf „Knubbel“. Er war aus derselben Wolle, die sie für ihren Pullover brauchte. Die Mutter überlegte nicht lange und entschloss sich, die Wollpuppe für ihren Zweck zu verwenden. Den Jungen, dachte sie, muss ich ohnehin im Alter von sechs Jahren nun endlich seiner Puppe entwöhnen.

Abends ließ sich die Mutter in ihrem fertiggestrickten Pullover von ihrer Familie bestaunen. Der Einzige, der nicht staunte, war Peter. Er suchte seinen „Knubbel“ und fand ihn nicht. „Du wirst ihn verlegt haben“, sagte die Mutter.

Peter suchte lange und überall, bis er in Mutters Nähkiste das Gesicht fand, das einst auf seinem „Knubbel“ aufgenäht war. Der Junge weinte. „Du bekommst morgen eine neue und noch viel schönere Puppe“, versuchte ihn die Mutter zu trösten. Aber Peter ließ sich nicht trösten und weinte sich in den Schlaf.

Alle anderen in der Familie blickten die Mutter vorwurfsvoll an. Plötzlich fing auch sie an zu weinen. Dann zerrte sie den Pullover von sich und begann ihn aufzuziehen, um einen neuen „Knubbel" zu stricken – einen, der aber nicht mehr der alte war und den Peter überhaupt nicht mochte …

Das war die Geschichte, die die Lehrerin der Klasse vorlas. Dann fragte sie die Kinder: „Was wäre, wenn eure Mutter so etwas tun würde?" Ein Junge meinte: „Ich würde sie anschreien", ein anderer: „Ich wäre ganz schön sauer". Ein Mädchen sagte: „Ich würde nichts mehr mit ihr sprechen."

Darauf fragte die Lehrerin: „Darf denn die Mutter keinen Fehler machen?" Ein Kind antwortete: „Doch, aber keinen solchen!" Die Lehrerin: „Und wenn sie ihn trotzdem macht?" Darauf erwiderte die achtjährige Sabine: „Ich würde meiner Mama einen Brief schreiben und ihr sagen: Es ist nicht so schlimm, Mama. Ich verzeihe dir. Bitte, sei wieder froh!"

Ist das nicht ein großartiges Verhalten, das hier ein kleines Mädchen zeigt? Man wird dabei unwillkürlich an einen Satz erinnert, den einmal ein bekannter Theologe ausgesprochen hat: „Im *Verzeihen* zeigt die *Liebe* erst ihre wahre Größe."

Echtes Vergeben ist eine Seite der Liebe, die uns als Menschen verbindet. Wenn es von der Liebe heißt: „Wer nicht liebt, der verkümmert, und wer keine Liebe bekommt, der verkommt", dann möchte man im Hinblick auf die Vergebung sagen: „Wer nicht vergeben kann, kennt auch keine Liebe. Und wem nie vergeben wird, der verbittert."

Erst die Erfahrung echter Vergebung macht auch uns fähig zur Vergebung – gegenüber den Kindern, gegenüber dem Ehepartner, gegenüber dem Arbeitskollegen, gegenüber dem Nachbarn, überhaupt gegenüber dem Nächsten. Das aber will *erlernt* und *eingeübt* sein. Und darum sollten wir uns oft bemühen – sagt Jesus –, „siebzig mal siebenmal", das heißt immer.

Damit es uns gelingt, dem anderen von Herzen zu vergeben, könnte uns vielleicht ein *Gebet* sehr hilfreich sein:

> „Herr, mach mich zu einem Werkzeug deines Friedens,
> dass ich liebe, wo man hasst;
> dass ich verzeihe, wo man beleidigt;
> dass ich verbinde, wo Streit ist;
> dass ich die Wahrheit sage, wo Irrtum ist;
> dass ich Glauben bringe, wo Zweifel droht;
> dass ich Hoffnung wecke, wo Verzweiflung quält;
> dass ich Licht entzünde, wo Finsternis regiert;
> dass ich Freude bringe, wo der Kummer wohnt.
> Herr, lass mich trachten,
> nicht, dass ich getröstet werde, sondern dass ich tröste;
> nicht, dass ich verstanden werde,

sondern dass ich verstehe;
nicht, dass ich geliebt werde, sondern dass ich liebe.
Denn wer sich hingibt, der empfängt;
wer sich selbst vergisst, der findet;
wer verzeiht, dem wird verziehen;
und wer stirbt, der erwacht zum ewigen Leben.
(Frankreich 1913)

Reinhard Abeln

„Dies ist keine Last…"

Auf einem steilen, felsigen Pfad
begegnete mir ein junges Mädchen,
das seinen kleinen Bruder auf
dem Rücken trug.

„Mein Kind", rief ich aus,
„du trägst aber eine schwere Last!"

Es schaute mich an und sagte:
„Das ist keine Last, das ist mein Bruder!"
Sprachlos blieb ich stehen.
Das Wort dieses Kindes
hat sich tief in mein Herz eingegraben.

Und wenn die Last der Menschen
mich niederdrückt,

so dass ich fast den Mut verliere,
dann kommt mir das Wort
des Mädchens in den Sinn:
„Dies ist keine Last, die du da trägst,
das ist dein Bruder!“

Gleichnis aus Afrika

Zum Nachdenken

Wenn die Weisen
am Ende ihrer Weisheit
angelangt sind,
muss man
die Kinder hören.

Johann Heinrich Pestalozzi

*

Die Kinder sind ebenso
Lehrer der Eltern,
wie die Eltern
Lehrer der Kinder sind.

Rupert Schützbach

Kinder haben
eine verschwenderische Art,
Liebe zu geben
und Liebe zu empfangen.
Sie sind der wertvollste
Schatz dieser Welt
und zugleich
ihre größte Hoffnung.

Anton Kner

*

Die Kinder sind für mich
eine große Hoffnung.
Wir wissen,
wie sehr Jesus sie
geschätzt hat.
Ich glaube, dass sie
eine wichtige Aufgabe haben:
mehr Liebe
in die Welt zu bringen.

Chiara Lubich

*

Ich konnte früh
zeichnen wie Raffael,
doch ich habe
ein Leben lang gebraucht,

um wieder zeichnen zu lernen
wie ein Kind.

Pablo Picasso

*

Kinder müssen
mit großen Leuten
viel Nachsicht haben.

Antoine de Saint-Exupéry

*

Kinder spielen gern
Erwachsen-Sein.
Vielleicht wäre es gut,
Erwachsene würden
manchmal Kind-Sein
spielen.

Rupert Schützbach

*

Liebe, Zuneigung, Vertrauen,
Wohlwollen, Geborgenheit –
das kann man nicht
kaufen, machen, planen.
Dies dürfen wir erfahren,
uns schenken lassen.
Diese Haltung

können wir Erwachsenen
von den Kindern lernen.

Michael Broch

*

Kinder
sind unsere besten Richter.

Otto von Bismarck

Kapitel 6

Wie die Kinder werden

Kein Wort
ist beunruhigender
als das:
Wenn ihr nicht werdet
wie die Kinder!

Reinhold Schneider

Aus wenig kann viel werden

In der Erzählung von der wunderbaren Speisung der 5.000 Menschen am See von Tiberias (Johannesevangelium 6,1–15) spielt ein kleiner Junge eine besondere Rolle. Er hielt sich in der großen Menschenmenge auf und hatte fünf Gerstenbrote und zwei Fische bei sich. Mehr erfahren wir nicht über ihn.

Und dennoch: Wie wichtig ist dieser Junge und sein Verhalten für die Situation an diesem Abend! 5.000 Leute stehen um Jesus herum. Den ganzen Tag haben sie ihm zugehört, als er vom Reich Gottes und vom Vater im Himmel spricht. Nun haben alle Hunger. Wo aber sollte man jetzt noch etwas zu essen herbekommen? Es gab keine Geschäfte in der Nähe. Und wer sollte das alles bezahlen? Eine scheinbar ausweglose Lage!

Da entdeckt einer der Jünger, Andreas, den kleinen Jungen und sagt zu Jesus: „Hier ist ein kleiner Junge, der hat fünf Gerstenbrote und zwei Fische." Nicht gerade viel – eigentlich nichts – für so eine Menge Menschen. Und weil er selbst spürte, wie unsinnig sein Hinweis war, schob er sofort die Anmerkung nach: „Doch was ist das für so viele?"

Der kleine Junge ließ sich von Andreas zu Jesus bringen. Er hätte seinen Besitz ja auch verstecken oder sagen können: „Das Essen ist für meine große Familie. Ich kann nichts davon abgeben." Doch daran denkt er offenbar nicht einmal. Bereitwillig stellt er Jesus seine fünf Brote und die zwei Fische zur Verfügung.

Und was tut Jesus? Er fordert die Leute auf, im Gras Platz zu nehmen. Dann nimmt er die Brote und die Fische, spricht das Dankgebet und teilt das Essen aus. Und dann passiert es: Brote und Fische reichen für alle, jeder wird satt. Die Menschen sind begeistert von Jesus: „Das ist wirklich der Prophet, der in die Welt kommen soll!" (Joh 6,14)

Die Geschichte von der Brotvermehrung zeigt Erstaunliches: Weil ein kleiner Junge bereit war, Jesus seine Verpflegung zu geben, wurden Tausende von Menschen gesättigt – und auch er selbst. Die katholische Schriftstellerin Ida Frederike Görres hat die Sache so auf den Punkt gebracht: Es kommt immer auf die Bereitschaft an, das Wenige, das man hat, herzugeben, um vielen zu helfen.

Auch für uns gilt: Mit dem, was wir bereit sind herzugeben – und mag es noch so wenig sein –, hat Gott ungeahnte Möglichkeiten. „Wenn jeder gibt, was er hat, dann werden alle satt", heißt es in einem Kirchenlied.

Aus dem Wenigen, das ich mitbringe, kann Gott Großes bewirken. Ich darf darauf vertrauen, dass

Gott viel mehr aus meiner Armseligkeit machen kann, als ich mir je vorstellen kann. So sieht es auch der vom Leiden gezeichnete französische Philosoph und Literat Blaise Pascal: „Es ist nicht auszudenken, was Gott aus den Bruchstücken unseres Lebens machen kann, wenn wir sie ihm voller Vertrauen überlassen."

„Von nichts kommt nichts!", heißt ein altes Sprichwort. Dies ist die eine Seite. Die andere: „Aus wenig kann viel werden." Gott sei Dank!

Reinhard Abeln

Orientierung am Kind

Heinrich Spaemann schrieb ein
Bändchen unter dem Titel „Orientierung am Kind"
(Patmos, Düsseldorf 1973).
Es enthält faszinierende
Meditationsskizzen,
Denk-Anstöße und Bibeldeutungen,
die man in dieser konzentrierten Form
selten findet.
Kinder sind spontan, konkret,
schöpferisch; Kinder haben Zeit.
„Alles Sein ist für ein Kind Mitsein.

Allen Geschöpfen ist es verbrüdert:
der Schnecke, dem Mond,
dem Hündlein,
der Blume, dem Menschen.
Es weint mit den Weinenden,
es ist fröhlich mit den Fröhlichen."

Spaemann ist ein tiefer Beobachter.
Er hat recht, wenn er weiterschreibt:
„Weil das Kind ganz nach oben
orientiert ist,
ganz dem Licht gehört,
ist es ganz Auge … Sein Blick ist hell,
still, unvoreingenommen.
Darum sieht es
den Glanz der Dinge, den Glanz ihrer
Herkunft und ihre Verbundenheit,
sieht wie ein jedes ausgreift
zur Mitkreatur."

Das Kind, so meditiert er,
sei uns überlegen durch seine Einfalt,
Lichtheit, Anmut;
aber seine Überlegenheit
bedrücke uns nicht wie die der großen
und gescheiten Leute. Im Gegenteil,
das Kind befreie uns
mit dem überlegenen
Charme seines Wesens.

Das Kind setze die Menschwerdung
fort.
Wenn es sich freue, dann hüpfe es;
wenn es traurig sei, weine es;
wenn sein Herz aufjuble,
dann auch seine Stimme;
wenn es liebe, umarme es;
wenn es mit Worten bete,
dann auch mit dem ganzen Leib.

Das Kind wachse,
werde ein Er-wachsener;
nur eines wachse bei ihm nicht mit:
das Auge. Dahinter verberge sich
Tieferes.
„Wie sehr sich auch die Gestalt unseres
Lebens verändert,
Gott will, dass wir
das Auge des Kindes behalten,
dass wir aufschauen, nicht herab …"

Adalbert Ludwig Balling

Kindwerden heißt …

Kind werden heißt –
Schmetterlinge fangen
und sie mit Botschaften
der Freude und des Friedens
wieder ziehen lassen.

Heißt Seifenblasen pusten
und verweilen,
bis die Sonne sie in bunten Farben
aufleuchten lässt.

Heißt Kinderwünsche
auch in späteren Jahren
weiterträumen.

Adalbert Ludwig Balling

Arglos und unschuldig wie Kinder

Als man vor einigen Wochen – es war gerade eine heftige Diskussion über die Flüchtlingswellen aus Syrien, dem Irak und Afghanistan in Gange – ein Kamerateam einen fünfjährigen Jungen fragte, ob es in seinem Kindergarten auch Ausländer gebe, antwortete er ganz spontan: „Nein, da gibt es nur Kinder!"

Wie wahr und wie aussagekräftig: Bei ihnen gebe es keine Ausländer, nur Kinder!

Heißt es nicht in der Heiligen Schrift, wir seien alle, ausnahmslos, Gottes Kinder? Nennen wir ihn nicht alle unseren Vater?

Und wie war das wieder im Neuen Testament? – „Da brachte man Kinder zu Jesus, damit er ihnen die Hände auflegte und für sie betete. Die Jünger aber wiesen die Leute zunächst schroff ab.

Doch Jesus schalt sie: „Lasst die Kinder zu mir kommen; wehret es ihnen nicht! Denn Menschen wie ihnen gehört das Himmelreich. – Dann legte er ihnen die Hände auf und zog weiter“ (Mt 19,13–15).

Und sagten nicht einhellig alle Weltraumfahrer – egal, ob Russen oder Amerikaner, Chinesen, Deutsche oder Franzosen –, die Erde sei unser aller Heimat? Nannten sie nicht einheitlich alle Völker des Erdenrunds eine globale Familie?

Und waren sie nicht alle der gleichen Meinung, dass es, vom Weltall aus betrachtet, nie mehr Krieg und Fehden und Zwistigkeiten unter den verschiedenen Menschen, Rassen und Völkern geben dürfe!?

Marie von Ebner Eschenbach schrieb einmal sehr zu recht: „Wisset, die euch Hass predigen, erlösen euch nicht!“

Adalbert Ludwig Balling

Von den Ureinwohnern lernen

Als man vor einem Jahr den spanischen Mariannhiller Missionaren eine Riesenpfarrei am Rande von Bogota/Kolumbien übertrug, hatte Pater David den Eindruck, sich im Dickicht des Urwalds zu verlaufen. Sein Pfarrsprengel umfasst über 100000 Bewohner, „die allermeisten sind jung; viele arbeitslos; es sind Menschen jeder Hautfarbe, die aus allen Ecken des Landes stammen und sich wie Vertriebene vorkommen." Die militanten Konflikte im Landesinnern haben sie zur Flucht in die Großstadt gezwungen.

Pater David erinnerte sich auch an einen Brauch aus dem Amazonasgebiet. Die dortigen Ureinwohner, so wurde ihm erzählt, ließen ihre Kinder, bevor sie zu jungen Erwachsenen heranwüchsen, auf die Krone des höchsten Baumes der Region klettern, um sich einen Überblick des gesamten Stammes zu verschaffen. Der einzelne Jugendliche müsse mehrere Tage dort oben verbringen, um über sein Leben, über die Umwelt, über Sonne, Mond und Sterne, über Wind und Wolken, über den Zug der Vögel, die Rufe der Tiere des Waldes und vieles mehr nachzudenken. All das solle ihm künftig helfen, sich im „Dickicht des Lebens" besser zurechtzufinden.

So ähnlich war es Pater David und seinen Mitbrüdern zumute, als ihnen der Bischof die riesige

Pfarrgemeinde übertrug. Nur – wo stand der „hohe Baum“, von dem aus sie sich einen Überblick hätten verschaffen können? Ihnen blieb nichts anderes übrig, als Gasse um Gasse zu durchkämmen, sich mit jedem und allen zu unterhalten und herauszufinden, wo den einzelnen der Schuh drücke.

Pater David wörtlich: „Es war sehr mühsam, aber lohnend. Ganz allmählich erfuhren wir etwas über das Schwere und Grausame ihrer Schicksale. Wir konnten ihnen, weniger durch Geld, eher durch gute Worte und Aufmunterungen kleine Hilfestellungen geben. Eine Spendenaktion in Europa (Schweiz, Österreich, Deutschland, Spanien) kam uns dabei zugute.“

Was Pater David zusätzlich Hoffnung machte, war eine Beobachtung in einer kleinen Metzgerei im Elendsviertel von Bogota: Eine junge Mutter kam in den Laden und bestellte Fleisch für umgerechnet 50 Cent. Mehr Geld hatte sie nicht. Der Verkäufer verstand sofort und seine Geste war bewundernswert. Er fügte dem winzigen Fleischbröckchen einen zusätzlichen Happen hinzu, „weil er nicht nur den Geldschein sah, sondern auch die Not der jungen Mutter …“

Adalbert Ludwig Balling

Der ausdauernde Jun Su

Es lebte einmal ein kleiner Junge namens Jun Su. Sein Vater war gestorben und so blieb er mit der Mutter allein zurück. Ihr Häuschen war armselig und öde. Manchmal war im ganzen Häuschen nicht einmal ein Körnchen Reis zu finden.

Es kam die Zeit heran, da Jun Su *lernen* sollte, aber er hatte weder Papier noch Tusche, ja nicht einmal ein Pinselchen für das Schreiben der Buchstaben. Aber Jun Su entschloss sich fest: Ich werde lernen! Und er begann zu überlegen, wie er die Not täuschen konnte.

Am nächsten Morgen begab er sich zu dem reichen Nachbarn und sprach zu ihm: „Ich hörte, dass Sie einen Diener für Ihr Haus suchen. Nehmen Sie mich! Ich bin zwar noch nicht alt genug, aber dafür will ich auch nicht viel. Erlauben Sie mir nur manchmal zuzuschauen, wie Ihre Söhne lernen, und ich werde zufrieden sein."

Der Reiche freute sich. Er hatte einen Arbeiter gefunden, der nichts kostete, und daher erklärte er sich einverstanden.

Vom Morgen bis zum Abend plagte sich Jun Su im Hause des Reichen. Man überließ ihm die ganze schmutzige und schwere Arbeit. Aber dafür konnte Jun Su manchmal in die Bücher schauen, aus denen die Kinder des Herrn lernten. Manchmal gelang es ihm sogar, einer ganzen Stunde des Unterrichts zuzuhören. Der Lehrer kam – Jun Su versteckte sich in eine Ecke und hörte zu. So lernte er. Schon nach einem Jahr begann er, sich selbst Wörter zu zergliedern. Aber leider: *Schreiben* konnte er nicht. Jun Su überlegte, was zu tun sei.

Jun Su lebte mit seiner Mutter in dem kleinen Häuschen hart am Ufer des Meeres. Die Wellen ebneten den ganzen Tag den feinen Meeressand. Jun Su nahm sich ein langes Stöckchen und ging ans Ufer. Schnell zeichnete er ein Wort in den Sand. Die Welle kam herangerollt und spülte alles weg. So konnte er unendlich viel schreiben ohne Pinselchen und ohne Papier. Aber jetzt gelüstete ihn nach den Büchern. Einmal trat er vor seinen reichen Herrn und sprach: „Ich habe für Sie unentgeltlich gearbeitet, jetzt möchte ich um Lohn bitten. Wenn Sie mir gestatten, Ihre Bücher zu lesen, bin ich bereit, noch ein Jahr bei Ihnen zu arbeiten."

Der Herr wollte einen so vorteilhaften Arbeiter nicht verlieren und so willigte er ein.

Jetzt hatte Jun Su auch Bücher.

Es kam der Winter und die Tage wurden kürzer. Jun Su musste bis in die Dunkelheit hinein arbeiten und lernen konnte er nur in der Nacht. Er war so arm, dass er sich nicht einmal Öl für die Lampe kaufen konnte. Aber auch jetzt ergab er sich nicht.

Wenn der Mond leuchtete, las und schrieb er

bei dessen Licht. Und wenn der Mond nicht schien, sammelte sich Jun Su Leuchtkäfer und klebte sie auf ein Bambusstöckchen. Bei dem schwachen Lichtschein der Glühwürmchen las der ausdauernde Jun Su in den Nächten die Bücher seines Herrn.

Es vergingen viele Jahre. Jun Su hatte sein Ziel erreicht – er wurde ein großer Gelehrter. Und bis zum heutigen Tage erinnern sich die Leute an die Ausdauer des kleinen, armen Jun Su.

Chinesisches Märchen

König im armen Gewand

Von Kindern können wir Erwachsenen viel lernen. Da, wo Kinder auftauchen, bekommt alles ein frisches und natürliches Gesicht – voller Farbe, Wärme und Leben. Was steckt nicht alles in einem Kind, was wir Großen längst verloren haben!

So wundert es nicht, dass der verstorbene Bischof von Aachen, Klaus Hemmerle, einmal gesagt hat: „Meine schönsten Weihnachtsgeschenke sind die, welche die Kinder mir machen.“ Einmal habe er im Advent einen Hirtenbrief an die Kinder geschrieben und ihnen eine Geschichte erzählt von einem König, der aus Liebe das Gewand der armen Leute anzog, um ganz einer von ihnen zu sein. Und er habe die Kinder aufgefordert, mit ihm den „König im armen Gewand“ zu suchen.

Darauf habe er, so der Bischof, über zweihundert Briefe bekommen, in denen ihm die Kinder schilderten, wie Jesus im Ärmsten und Geringsten auf uns zukommen will. Die Kinder hätten ihm mit ihren Briefen das schönste Weihnachtsgeschenk gemacht. Ja, sie hätten ihm mit ihren Aussagen Jesus geschenkt.

In einem der Kinderbriefe an den Bischof hieß es: „Du hast gesagt, wir sollen suchen, wo Jesus ist im armen Gewand. Ich kann es dir sagen: Er sitzt vor C & A und hat nur ein Bein und verkauft Karten. Er hat mir gesagt: Bring mal den Becher weg! Und das habe ich für ihn gemacht!“

Auch wir Erwachsenen sollten uns aufmachen, den „König im armen Gewand“ zu suchen. Überall gibt es Verlassene, Leidende, Ratlose; Menschen, die an einer undankbaren Aufgabe ermüdet sind, im Glauben Angefochtene oder auch von Schwermut Gepeinigte. Wir könnten ihnen helfen – durch unsere Nähe und durch unser Wort.

Laut dem Evangelium nach Matthäus spricht Jesus beim Jüngsten Gericht zu den Gerechtfertigten: „Ihr habt mir zu essen und zu trinken gegeben; ihr habt mich beherbergt und bekleidet; ihr habt mich besucht in meiner Krankheit und ihr seid zu mir ins Gefängnis gekommen."

Das ist eine deutliche und mahnende Sprache. Sie erinnert uns an das, was wichtig und vordringlich ist.

Reinhard Abeln

Das Mädchen mit der kostbaren Muschel

Ein kleines Mädchen, das von allen ausgenutzt und verstoßen wurde, lief traurig von zu Hause. Es lief und lief, bis es zu einem großen See kam. Dort setzte es sich müde, verlassen und hungrig hin und weinte bitterlich.

Plötzlich sah das Mädchen auf dem Grund des klaren Wassers etwas, das funkelte und blitzte. Neugierig und mutig sprang es in das tiefe Wasser, um den Schatz ans Land zu holen. Das Mädchen tauchte und fasste eine Muschel. Mit geübter Hand brach es sie vorsichtig auf.

Vor ihm lag ein Wunder: Eine schöne Perle, die wie ein Tautropfen in allen Regenbogenfarben schimmerte. Das Mädchen staunte und wusste, dass es etwas gefunden hatte, das einmalig und unbezahlbar war.

Die kostbare Perle, die in der Hand des Mädchens ruhte, strahlte und sagte leise: „Sei nicht traurig! Hör zu, ich will dir meine Geschichte erzählen: Eines Morgens stürzte ich als Tautropfen kopfüber ins Meer. Von den Wellen wurde ich mitgerissen. Verzweifelt versuchte ich, mich zu retten. Da hörte ich eine Stimme: ›Komm in mein Haus!‹

Blindlings folgte ich dem rettenden Ruf. Hinter mir schlossen sich die Schalen einer Muschel. Zuerst atmete ich dankbar auf, doch dann begriff ich, dass ich eingesperrt war. Ich wehrte mich und jammerte: ›Nun werde ich wohl nie mehr im Licht der Sonne in allen Regenbogenfarben leuchten.‹

Da sagte die weise Muschel: ›Auflehnung und Trotz machen ohnmächtig und zerstören. Nimm dein Schicksal geduldig an, dann wird es dir leicht ums Herz. Von innen her wirst du dann immer fester und eines Tages bist du ein kostbarer Schatz, eine wertvolle Perle. Wer dich findet, wird glücklich sein.‹

Ich seufzte, weil ich das nicht so richtig verstehen konnte, aber von nun an lebte ich still und zufrieden. Ich spürte, dass etwas in mir wuchs und wuchs, was mich stark machte und mir viel Kraft gab. Aus Leid und Schmerzen bin ich geworden, was ich bin, ein Wunder in deiner Hand."

Das Mädchen hatte gut zugehört und ging getröstet nach Hause und immer, wenn es ihm ganz schwer ums Herz war, wenn es viel Leiden verkraften musste, dann schaute es dankbar auf die kostbare Perle und spürte, wie auch in ihm die Kraft wuchs und es stark machte.

Altes Märchen

Werde gelassen wie ein Kind!

Viele von uns hätten so dringend nötig, kindlich zu werden. Das Kind, das wir doch vor Gott sind, führt oft ein verkümmertes, freudloses Dasein.

Ständig müssen wir Leistungen erbringen, unaufhörlich und regelmäßig Anforderungen gerecht werden und uns mit einem Haufen von Problemen herumschlagen.

Viele sind ständig überfordert. Und das Schlimmste: Viele überfordern sich selber. Kein Tarifvertrag und keine Leistungserwartung sind so unmenschlich wie das, was wir uns selbst abverlangen. Ganz und gar unkindlich ist das!

Wie gut täte uns die Gelassenheit eines Kindes, seine spielerische Freiheit, seine Lebensfreude, sein Lächeln, sein grenzenloses Vertrauen!

Was wir brauchen, war auf einem Kalenderblatt einmal so beschrieben: „Einfach Mensch sein, einfach leben. In die Luft gucken, die Sonne sehen, Blumen erblicken – und in der Nacht die Sterne, Kindern zuschauen, lachen, spielen, tun, was Freude macht, träumen, die Fantasie spielen lassen, zufrieden sein!“

Reinhard Abeln

„Wenn man ihn lieb hat, beißt er nicht“

„Als ich eines Tages spazierengehe“, erzählt ein Besucher, „steht da mitten in einer Straße ein großer Hund mit fürchterlichem Gebiss und wütenden Augen. Ich habe große Angst weiterzugehen. Da sehe ich, wie aus einem anliegenden Haus ein Junge kommt. Er geht auf den Hund zu, um ihn zu streicheln. Mir will das Herz stehen bleiben. Entsetzt rufe ich: ‚Halt, Junge, der Hund ist böse!‘ Doch unbekümmert dreht sich der Junge zu mir um und sagt: ‚Wenn man ihn lieb hat, beißt er nicht!‘ Da hatte ich meine Lektion.“

Wir können aus dieser kleinen Geschichte viel lernen. Heute und morgen werden uns Menschen begegnen, die uns gegen den Strich gehen, mit denen wir einmal eine Auseinandersetzung hatten, denen wir am liebsten aus dem Wege gehen würden. Versuchen wir einmal, auch diese Menschen zu lieben, freundlich zu ihnen zu sein – und sie werden nicht beißen!

Es werden uns sehr gefährlich aussehende Menschen begegnen. Ihr Blick, ihr Gang, ihre Haltung, ihre Art zu reden, alles an ihnen wirkt abstoßend, stolz, überlegen. Aber auch für sie gilt: Wenn man sie lieb hat, dann „beißen" sie nicht!

Reinhard Abeln

„Opa, ich hab dich lieb"

Nach dem Tod seiner Frau siedelte Opa Wagner zu Tochter und Schwiegersohn über. Die jungen Leute waren den ganzen Tag in ihrem Schuhwarengeschäft tätig. In der Küche regierte Hilde – ein junges Mädchen – als Hausgehilfin. Sie musste den Haushalt führen, den Garten versorgen und die dreijährige Tochter Katja beaufsichtigen. Das brachte viel Arbeit mit sich.

Der Opa bot seine Hilfe an. Sie wurde von der Hausgehilfin gerne angenommen. So durfte der Großvater Kartoffeln schälen, Gemüse aus dem Keller holen, den Rasen mähen und zuweilen Einkäufe besorgen.

Und dann war da noch das Kind. Katja behandelte den neuen Hausgenossen mit einer aus

Misstrauen und Ängstlichkeit gemischten Erwartungshaltung. Aber als der Opa eines Tages Papier und Farbstifte kaufte und sagte: „Komm, Katja, wir wollen einmal malen", da wurde das Mädchen zusehends zutraulicher.

Opa Wagner verstand es, Pferde, Schafe und Hühner zu malen, Häuser, Autos, Bäume und viele andere Dinge mehr. Katja begann zu fragen: „Was macht das Pferd? Wie viele Eier legen die Hühner? Wohin fährt das Auto? Wer wohnt in dem Haus?" Der Opa musste seine ganze Fantasie herbeiholen, um das neugierige Mädchen zufriedenzustellen.

Eines Abends hatte die Hausgehilfin eine Besorgung zu machen. In der Küche begann es zu dunkeln. Da kam Katja, setzte sich dem Opa aufs Knie und bat: „Opa, erzähl mir doch eine schöne Geschichte!"

Opa tat es. Als er fertig war, verharrte Katja in atemlosem Schweigen. Dann sagte sie: „Das war aber schön!" Und sie schlang ihre Arme um den Hals des Alten und flüsterte ihm freudestrahlend ins Ohr: „Opa, ich hab dich lieb!"

Dem Alten traten Tränen in die Augen. Schluchzend legte er seinen grauen Kopf an die Wange des Mädchens. „Ich hab dich lieb" – dieses Wort erschütterte ihn. „Ich hab dich lieb" – war es denkbar und möglich?

Viele Menschen waren ihm in einem langen Leben begegnet. Fünf Kinder hatte er mit Arbeit und Fleiß großgezogen. Doch niemand hatte ihm jemals ein freundliches Wort gesagt. Nur ein Kind mochte ihn noch. Nur ein Kind warf einen Lichtstrahl weihnachtlicher Freude in die dunkle Einsamkeit seines Alters – und das durch vier kurze, aber köstliche Worte: „Ich hab dich lieb!“

Reinhard Abeln

Ein Stück Liebeserfahrung

Kinder und Narren sagen die Wahrheit,
heißt ein altes Sprichwort.
Kinder halten keine Maske
vor's Gesicht,
sie sagen, was sie denken,
wie sie's empfinden.

Auf die Frage, was sie sich unter Liebe
vorstellten, antworteten
Acht- und Neunjährige:
Liebe ist, wenn man traurig ist und
es kommt ein Pudel und leckt einen ab.
Liebe ist, wenn es draußen regnet und
man reibt dann dem Hund das Fell ab.
Liebe ist, wenn man etwas angestellt hat,

aber dann doch keine Strafe dafür
bekommt.
Liebe ist, wenn alle mich mögen,
die ich auch mag …

Adalbert Ludwig Balling

Spontane Zuneigung

Wenn ich mit Gott spreche, schicke ich den Erwachsenen in mir in Urlaub und mit ihm den Bischof. Ich überlasse mich der spontanen Zuneigung, die ein Kind zu seinem Vater hat.

So verharre ich eine Zeit vor Gott, wie ich wirklich bin; aus der Tiefe meines Wesens lasse ich das Kind heraufkommen, das ich einmal war, das gern lacht, plaudert, das den Herrn liebt und manchmal das Bedürfnis hat zu weinen, so dass er ihm Barmherzigkeit erweisen kann.

Albino Luciani

Kinder danken mit dem Herzen

Kinder können noch richtig danken – nämlich mit dem Herzen. Dankbarkeit ist ja heute nichts Selbstverständliches; in vielen Bereichen ist das Danken geradezu „ausgestorben".

Zwar kommt es hin und wieder zu einem kurzen „Danke", aber es rutscht so rasch über die Lippen, dass man nicht den Eindruck gewinnt: Das ist ein „herzlicher" Dank. Auch dann nicht, wenn es heißt: „Vielen Dank" oder sogar „Tausend Dank!"

Danken scheint *schwierig* geworden zu sein. Warum eigentlich? Sicherlich liegt dies u. a. daran, dass man in unserem technischen Zeitalter meint, alles sei nahezu „machbar". Personen werden heute durch Maschinen ersetzt. Wer ständig mit Maschinen umgeht, wird – um ein bekanntes Augustinuswort abzuwandeln – „maschinell". Eine Maschine, ein „Maschinenmensch" aber hat kein Herz. Wie sollte er danken können?

Danken hat mit dem Denken zu tun, mit dem Ausdenken, Bedenken, Nachdenken. Nur wer denkt, kann danken. Dieses Denken hängt keineswegs ab vom Grad der intellektuellen Begabung. Es gibt grundgescheite Leute, die nicht danken können: Was sie fertigbringen, schreiben sie sich selbst – ihren eigenen Fähigkeiten – zu.

Bei dem genannten Denken ist das „Denken mit dem *Herzen*" gemeint. Dieses „Denken mit dem Herzen" gelingt Kindern (und Menschen, die körperlich oder geistig behindert sind) ausgesprochen gut. In einer Schulstunde wurde bei mongoloiden Kindern einmal gefragt, wofür sie danken können. Hier sind einige Antworten:

„Danke für das schöne Schulhaus. – Danke für die neue Rutschbahn. – Danke, dass du mit mir gespielt hast. – Danke für das gute Mittagessen. – Danke, dass du mir zugehört hast. – Danke, dass du mir beim Aussteigen aus dem Bus geholfen hast. – Danke für das Vogelgezwitscher am Morgen. – Danke für das Schwimmen im Hallenbad. – Danke, dass du heute so lustig gelacht hast. – Danke für das bunte Bilderbuch. – Danke für den weichen Sand im Sandkasten. – Danke, dass du mir die Nase geputzt hast. – Danke für das Werkzeug. – Danke, dass du dir Zeit für mich genommen hast. – Danke, dass du mir beim Treppensteigen geholfen hast. – Danke, dass du mein Bild aufgehängt hast. – Danke für die hüpfenden Regentropfen (!) – Danke, dass ich in die Schule gehen darf. – Danke für meine Eltern und Geschwister. – Danke, dass meine Eltern mich lieb haben. – Danke, dass ich Freunde habe. – Danke, dass mein Vater meine Mutter gestern nicht geschlagen hat. – Danke, dass mein Vater nicht betrunken war. – Danke, dass ich nicht allein bin. – Danke für das schöne Wetter. – Danke für die Blumen. – Danke, dass mir die Schule Spaß macht. – Danke für das gute Essen, das mir schmeckt. – Danke, dass ich fröhlich sein kann. – Danke, dass ich etwas anzuziehen habe. – Danke, dass meine Eltern nicht mehr so viel streiten. – Danke, dass meine Mutter wieder gesund ist. – Danke, dass mein Bruder nicht mehr im Krankenhaus sein muss. – Danke für alle, die mich lieb haben. – Danke, dass ich leben darf."

Die Antworten dieser Kinder könnten eine Einladung an uns sein, darüber nachzudenken, wofür *wir* alles danken können. Zum Beispiel für eine friedliche Nacht, für einen hellen Morgen, für das Brot auf dem Tisch, für eine gelungene Arbeit, für eine erhaltene Hilfe, für Gesundheit, für jedes Lächeln, das uns geschenkt wird. Für alles, was selbstverständlich zu sein scheint, in Wirklichkeit aber keineswegs selbstverständlich ist.

Wir können dafür danken, dass wir sehen, gehen, hören und atmen können – das Letztere ohne Sauerstoffapparat. Gott schuldet uns diese Fähigkeiten nicht, er schenkt sie uns.

Wir können danken für Aufmerksamkeiten und Gefälligkeiten, die wir immer wieder als Geschenke empfangen. Wir können danken für die Kostbarkeiten, die uns die Kirche schenkt, ohne die wir geistig und geistlich auf Sparflamme gesetzt wären.

Wir können auch danken für die Enttäuschungen in unserem Leben, die uns von allerlei Täuschungen befreien. Wir können schließlich dafür danken, dass wir danken können.

Reinhard Abeln

*

Ich bin dankbar,
nicht weil es vorteilhaft ist,
sondern weil es Freude macht.

Seneca

Dankeschön an die Oma

In einer rheinischen Zeitung fand ich eine ungewöhnliche Annonce. Un- bzw. außergewöhnlich auch deshalb, weil da niemand nach einer entlaufenen Katze oder einem streunenden Hund suchte, auch nicht nach einem „Partner fürs Leben". Nein, die ganze Anzeige bestand aus einem einzigen Dankeschön „An meine Oma" – unterschrieben vom Enkel Danny anlässlich des Geburtstages der

Großmutter. Hier ein paar Zeilen aus seiner Dankes-Anzeige:

Danke dafür, dass du mir zu jeder Tages- und Nachtzeit den Genuss der weltberühmtesten Pfannkuchen ermöglichst!

Danke dafür, dass du dich von mir immer wieder bereitwillig in sämtliche Kirchen Kölns schleppen lässt und selbst vorm Dicken Pitter (Spitzname der Kölner für die größte freischwingende Glocke der Welt auf einem der Domtürme) nicht zurückschreckst!

Danke dafür, dass du mich jedes Jahr mit in Urlaub nimmst, damit ich selbst dann noch Schneemänner bauen kann, wenn hier bei uns kein Schneeflöckchen in Sicht ist!

Danke, dass du auch dann lachst und hinter mir stehst, wenn Mamma kurz vorm Tobsuchtsanfall steht!

Danke dafür, dass du deine eigenen vier Kinder so gut großgezogen und deinen Mann so gut erzogen hast, dass sie mir jetzt ein toller Opa, ein knaller Onkel, eine super Tante und eine zwar chaotische, aber ansonsten ganz nette Mutti sein können!

Danke auch für deine Geduld, dein Verständnis, deine Zuverlässigkeit, deine Liebe und für alles andere …

Vieles im Leben nehmen wir für selbstverständlich. Vieles wird uns einfach zur Gewohnheit, auch viele „Liebesdienste“ derer, die uns besonders nahestehen. Dennoch – von Zeit zu Zeit sollten wir ein ganz bewusstes Dankeschön sagen. Gerade auch deshalb, um zu zeigen, dass viele Dienste und Handreichungen so selbstverständlich nicht sind.

Adalbert Ludwig Balling

*

Danke für das gute Essen,
lieber Gott! – sagen die Kinder.
Was kann ich
als Fünfundsiebzigjährige
sagen?
Danke, lieber Gott,
für mein gutes Leben,
für all die Liebe,
die mir geschenkt wurde.

Agathe Christie

Die größte Weisheit

Den Erwachsenen
stellt die Kirche
das Kind vor Augen,
zeigt ihnen die Krippe,

das Stroh,
die Windeln,
damit die bedeutenden
und klugen Leute
wie Kinder werden,
denn dies ist
die größte Weisheit.

Stefan Kardinal Wyszynski

Mit Liebe geben

Vor einiger Zeit hatten wir in unserem Kinderheim keinen Zucker mehr.

Ein vierjähriger Junge hörte davon, ging nach Hause und sagte seinen Eltern: „Ich esse drei Tage lang keinen Zucker. Ich gebe ihn der Mutter Teresa."

Nach drei Tagen brachten die Eltern den Zucker zu uns. Der Junge konnte kaum meinen Namen aussprechen, doch er hat mich gelehrt, wie man große Liebe hat.

Es kommt nicht darauf an, wie viel man gibt, sondern dass man mit Liebe gibt. Der kleine Junge gab, bis es wehtat.

Mutter Teresa

Die Geschichte vom Wasserkrug

Vor langer Zeit einmal brannte die Sonne unbarmherzig auf die Erde. Die Quellen versiegten und die Brunnen trockneten aus. Die Erde wurde hart. Die Blumen verwelkten, alles Gras verdorrte.

Die Bäume ließen ihre Zweige hängen und warfen ihre Blätter ab. Die Tiere hatten großen Durst, viele mussten sterben. Andere suchten überall nach Wasser. Auch ein kleiner Hund suchte und suchte, konnte aber keines finden. So legte er sich müde und matt auf den Boden.

Auch den Menschen erging es nicht anders. Viele waren den ganzen Tag auf der Suche nach Wasser. Eine alte Frau war dabei so schwach geworden, dass sie nicht mehr gehen konnte. Am Ende ihrer Kräfte setzte sie sich an den Wegesrand.

Ein alter Mann kam mit schweren Schritten, auf einen Stock gestützt, des Weges. Er war schwach und nahe am Verdursten. Sein Mund war ausgetrocknet.

Ein kleines Mädchen sorgte sich um seine todkranke Mutter. Es wusste, sie brauchte dringend Wasser, sonst würde sie sterben. Das Mädchen stand frühmorgens auf, nahm einen Krug und machte sich auf den Weg, um einen Brunnen zu suchen.

Den ganzen Tag lang ging es unter der heißen Sonne, aber es konnte kein Wasser finden. Müde, enttäuscht und durstig legte sich das Mädchen am Abend auf die harte Erde und schlief ein.

Da hatte es einen wunderbaren Traum. Es hörte eine Quelle plätschern und sah, wie der Krug bis zum Rand mit klarem Wasser gefüllt wurde. Als das Mädchen am Morgen aufwachte, stand neben ihm der gefüllte Krug. Voller Freude sprang es auf und dachte, jetzt kann ich endlich meinen Durst löschen. Doch da fiel ihm die kranke Mutter ein, die das Wasser doch so nötig hatte.

Eilig nahm es den Wasserkrug und wollte nach Hause laufen. Beinahe wäre das Mädchen gestolpert. Vor ihm auf den Boden lag, schwach vor Durst, ein kleiner Hund. Dem Mädchen tat das Hündchen leid. Es schöpfte mit seiner Hand Wasser und gab dem Tier zu trinken. Schon fand der kleine Hund Kraft und sprang davon.

Der Wasserkrug aber war nicht leerer geworden. Er war aber auch nicht mehr aus Ton, sondern aus Silber und schimmerte wie der Mond.

Voll Staunen eilte das Mädchen weiter. Da traf es die alte Frau und den alten Mann, die am Wege saßen, elend vor Durst. Das Mädchen sah ihre Not und gab ihnen zu trinken. Dankbar blickten sie dem Mädchen nach. Jetzt strahlte der Wasserkrug in leuchtendem Gold und war noch immer bis zum Rand voll Wasser.

Vorsichtig trug es den Krug nach Hause und rief: „Mutter, Mutter, ich habe Wasser für dich!“ Das Mädchen reichte zuerst der kranken Mutter ein Glas Wasser und trank dann selbst. Und siehe da, der Wasserkrug war über und über mit funkelnden Edelsteinen besetzt. Aus jedem Stein sprudelte eine Quelle frischen Wassers.

Das Mädchen trug den Krug ins Freie und das Wasser lief über das dürre Land. Viele Bäche ergossen sich über die Erde. Überall, wohin sie flossen, grünte es. Gräser und Blumen sprossten.

Die Bäume streckten ihre Äste empor.
Die Tiere kamen und löschten ihren Durst.
Die Menschen füllten ihre Krüge,
tranken sich satt und freuten sich.
Die Erde war ein wunderbarer Garten.

Dann wurde es Nacht. Alles war ruhig und still, nur das Wasser hörte man fließen. Im Schlaf träumte das Mädchen, dass Quellen und Bäche sogar über die Erde hinausflossen in den weiten Himmelsraum. Und es sah, wie aus jeder Quelle ein Stern emporstieg.

Aus den leuchtenden Sternen entstand ein Sternbild, das den Menschen Gutes verheißt: „Die Liebe macht die Erde schön. Sie kann Vertrocknetes zum Leben erwecken."

Nach Leo Tolstoi

*

Jemanden lieben,
heißt ihm sagen:
Du wirst nicht sterben.

Gabriel Marcel

Olu und seine Lieblingshenne

Die folgende Geschichte hat sich in Nigeria ereignet. Ein afrikanischer Priester hat sie weiter erzählt, als es ihm in seiner Predigt darum ging, die Erlösungstat Jesu zu deuten: den frei-willigen Gang des Gottessohnes hinauf nach Golgota.

Der kleine Olu hatte eine weiße Henne; sie war seit Langem seine beste Freundin. Eines Abends war die Henne verschwunden. Spurlos. Olu rief nach ihr, aber umsonst. Er fing an zu weinen und verstand die Welt nicht mehr. Aber die Henne blieb verschollen.

So vergingen viele Tage. Nach einigen Wochen – es war spät am Nachmittag – kehrte die Henne zu

Olu zurück – mit sieben quicklebendigen Küken. Olus Freude war übergroß.

Doch dann ereignete sich etwas Schreckliches. Ein Buschfeuer brach aus und zerstörte fast alles im Umfeld des Dorfes. Alle Leute waren stundenlang damit beschäftigt, ein paar lebenswichtige Dinge in Sicherheit zu bringen.

Als das Feuer dann allmählich erlosch, suchte Olu nach seiner Henne und ihren sieben Küken. Was war bloß aus ihnen geworden? Hatten sie sich rechtzeitig in Sicherheit bringen können?

Während er noch suchte, stieß er auf ein Häufchen verbrannter Federn. Es roch nach gegrilltem Fleisch. Dem Jungen wurde sofort klar: Das war seine geliebte Henne.

Als er die verkohlten Federn beiseiteschob, hörte er ein Piepsen. Und schon kamen auch die Küken zum Vorschein. Sie hatten alle überlebt. Die Glucke hatte sie mit ihrem eigenen Körper bedeckt und so vor den rasenden Flammen beschützt. Sie selbst war gestorben, damit die Jungen lebten …

Olu fasste neuen Mut. Hoffnung kam auf. Und Zuversicht. Jetzt, so sagte er zu sich selbst, jetzt wolle er sich um die Küken kümmern. Und künftig, wenn wieder einmal Schweres über ihn käme, nicht gleich die Flügel hängen lassen.

Adalbert Ludwig Balling

Gebet – Lass mich wie die Kinder werden!

Lieber Gott, manchmal habe ich
den Wunsch, wie meine Kinder zu werden.
Natürlich, sie können launisch und eigen sein,
aber sie sind auch ebenso köstlich,
erfrischend und erquickend.
Sie haben nur ein Gesicht.
Sie können sich nicht verstellen
und wissen nicht, was Arglist und Heimtücke ist.
Sie sind herzlich und vor allem – natürlich.
Ich bitte dich, lass mich so werden wie sie!
Lass mich von meinen Kindern lernen
und führe mich zu dir, guter Gott!

Reinhard Abeln

Zum Nachdenken

Wie die Kinder werden
bedeutet natürlich nicht,
beständig infantil
zu bleiben,
in vielen Dingen unwissend,
ohne Sinn für die
Problematik der Zeit.
Ganz im Gegenteil!

Papst Johannes Paul II.

Ein Kind ist ein Buch,
aus dem wir lesen
und in das wir schreiben
sollen.

Euripides

Glücklich ist einer …

der sich im Alter nicht schämt,
mit der elektrischen Eisenbahn
des Enkels zu spielen –
und wenn er dabei
ertappt wird, zugibt,
Freude und Spaß daran zu haben.

Adalbert Ludwig Balling

*

Stell dich mitten in den Wind,
glaub an ihn und sei ein Kind;
lass den Sturm in dich hinein
und versuche, gut zu sein!

Wolfgang Borchert

Ein großer Mensch
ist derjenige,
der sein Kinderherz
nicht verliert.

James Legge

*

Wer das Kindsein
hinter sich gelassen hat,
muss lange leiden,
um wieder Kind zu werden.

Georges Bernanos

*

Die meisten Menschen
legen ihre Kindheit ab
wie einen alten Hut.
Sie vergessen sie
wie eine Telefonnummer.
Nur wer erwachsen wird
und Kind bleibt,
ist ein Mensch.

Erich Kästner

Kinder geben zunächst
allem einen Vorschuss
an Vertrauen.
Erwartungs- und vertrauensvoll
schauen ihre Augen.
Solches Vertrauen
ist der Schlüssel
zum Reich Gottes.
Gehen wir deshalb
als Erwachsene
wieder bei den Kindern
in die Schule!

Johannes Kreidler

*

Kinder zwingen uns
zur Ehrlichkeit.
Sie spüren oft mehr
als Erwachsene,
die Masken tragen können,
was gültig ist
und was nicht.

Michael Broch

Wie die Kinder werden
heißt:
den Seifenblasen nachträumen,
die Welt auf den Kopf stellen,
den geplatzten Träumen
neue nachschicken,
der verdrehten Welt
die besten Sachen abgewinnen.

Gerhard Eberts

*

Art und Wesen
des Kindes sind es,
die uns nottun
und die wir erwerben müssen,
koste es, was es wolle.

John E. Ruskin

*

Ein Kind ist in mir,
noch fühl ich's nicht.
Denn Nacht ist in mir;
Herr, schenke mir Licht.

Anton Honer

Kapitel 7

Von Kindern das Beten lernen

Es fällt mir ebenso leicht
zu beten,
ob ich ein lächelndes Kind sehe,
die aufgehende Sonne
oder ein vorbeiziehendes
Düsenflugzeug –
denn dies alles ist Schöpfung.

Dom Hélder Câmara

Gebete von Kindern und Jugendlichen

Wenn Kinder mit Gott plaudern, schmunzeln oft die Erwachsenen über die naiv-treffenden Vorstellungen der Kleinen. Vielleicht amüsiert, gerührt oder auch ein wenig melancholisch an die eigene Kindheit erinnert – stehen die Großen/Erwachsenen mitunter vor einem Phänomen: Da werden „Dinge" angesprochen, die man bereits mit den Kinderschuhen hinter sich gelassen hat, die aber nun doch wieder zum Vorschein kommen und wach werden. Sie schlummerten zwar lange im Verborgenen, blieben aber doch alldieweil Teil von uns selbst.

Kinder können entwaffnend einfach sein – und doch gleichzeitig hintergründig und philosophisch. Nicht alle Kinderwünsche rühren an unser Herz. Manche stellen die Welt der Erwachsenen infrage; hinterfragen sie! Heutzutage sind die Kinder unbekümmerter und unbefangener als früher; sie trauen sich mehr zu, reden offener, auch über Gott und die Welt.

Manchmal legen sie sogar den Finger an wunde Stellen oder decken Zweifel auf im eigenen Herzen. Es ist Zufall, dass auch bei Kindern kritische Äußerungen über die Existenz Gottes laut werden.

In einem Radiobeitrag des Südwestfunks wurden vor Jahren zum Beispiel Kinder zitiert, die sich als „Atheisten“ ausgaben. Ein zehnjähriges Mädchen schrieb dem Sender, Gott sei jemand, den sich „ein Mensch erdacht hat, weil er merkte, dass der Mensch an etwas glauben muss; er teilte diesem Gott unvorstellbare Macht zu und ließ ihn auch unsere Erde erschaffen.“

Ein zwölfjähriger Junge meinte, Gott sei „eine von den Menschen erfundene Figur“ – und ein anderer, elf Jahre alt, behauptete: „Gott und die Bibel sind auf Ereignisse zurückzuführen, die in grauer Vorzeit der Menschen stattgefunden haben …“

Solch kritische Stimmen sind unter Kindern eher selten; wenn ja, dann sind es weithin nachgeplapperte Äußerungen ihrer Eltern, Erzieher und Lehrer. Die große Mehrzahl der Kinder und Jugendlichen hat durchaus noch kindlich-fromme Beziehungen zu Gott, dem Schöpfer der Welt.

Davon zeugen auch die Kinderwünsche und Gebete, die wir in diesem Kapitel veröffentlichen. Die allermeisten stammen von einem rheinischen Gymnasium, das von Ordensfrauen geleitet wird; ausgenommen ein Dutzend und mehr, die Jugendliche aus Ost- und Südafrika geschrieben haben.

Adalbert Ludwig Balling

Danke für meinen Vogel Hansi

Lieber Gott im Himmel,
ich möchte dir danken
für meine Eltern
und auch für meine netten Omas
und Opas.
Die Welt, die du gemacht hast,
finde ich klasse.
Nur könnte ein bisschen mehr Frieden
sein und weniger Krieg.
Ich möchte, dass immer Frieden wäre.
Ich danke dir,
lieber Gott,
für die schönen Kleider
und auch für die Spielsachen.
Aber eigentlich möchte ich noch
mehr danken für meinen Hund
und für meinen Vogel Hansi.
Wenn ich krank bin,
singt der Hansi eigens für mich was vor.
Und meinen Hund mag ich auch.
Der liebt mich und liegt an meinem Bett,
wenn ich krank bin,
und passt immer gut auf mich auf.

Achim

Du kannst alles machen

Lieber Vater im Himmel,
mach was an den Menschen,
damit sie einander
lieb haben
und auch was zu essen haben.
Und mach was,
dass auch andere Menschen
ein Haus haben
und ein Bett
und einen Schrank
und so weiter.
Du kannst ja alles machen,
wenn du es willst.
An deiner Stelle
würde ich wirklich mal wollen
und allen Menschen helfen …

Dirk

Wenn ich mal krank bin

Lieber Gott,
meine Freundin kommt
manchmal nicht,
auch nicht, wenn wir verabredet sind.

Ich will aber noch mehr gute
Freunde haben –
und meine Freundin soll auch
immer meine Freundin bleiben,
auch wenn ich mal krank bin.
Weil sie sonst keine gute Freundin
ist, wenn sie sich nicht um mich kümmert,
wenn ich krank bin.
Lieber Gott,
lasse meine Freundin gut sein zu mir
und mach, dass ich sie auch immer
lieb habe.
Eine gute Freundin
war die Elke,
aber ihre Eltern sind fortgezogen –
und jetzt habe ich keine so gute
Freundin mehr, wie die Elke eine war.
Schicke mir bald wieder eine gute!

Annette

Ich wünsche mir …

Lieber Gott,
ich wünsche mir Frieden
für die ganze Welt.
Ich wünsche mir, dass die Menschen

einander lieben.
Ich wünsche mir,
dass es keine Waffen mehr gibt
auf dieser Welt.
Ich wünsche mir,
dass dein Fest in Ehre gefeiert wird.
Ich wünsche mir,
dass, wenn jemand betrübt ist
oder krank
oder gestorben ist,
du ihn dann auch nicht vergisst.
Ich wünsche mir,
dass alle Menschen dich kennenlernen
und dich so lieben,
wie man es tun sollte.
Ich wünsche mir,
dass überhaupt kein Mensch
mehr traurig ist.
Und ich wünsche mir auch,
dass ich selber einmal ein bisschen
lustig sein
und mich freuen darf,
weil das Leben schön ist.

Marion

Warum ist Krieg in der Welt?

Lieber Gott,
warum habe ich immer
so schlechte Noten
in der Schule –
und warum schimpfen
meine Eltern manchmal –
und warum muss ich immer
zanken und streitlustig sein –
und warum habe ich keine
gute Freundin –
und warum ist es in der Schule
manchmal gar nicht schön –
und warum lässt du
unsere Frau Lehrerin traurig
werden, wenn wir manchmal
zu laut sind oder sie sonstwie
ärgern –
und warum ist Krieg in der Welt –
und warum sind die Menschen
böse und töten einander …?

Hartmut

Unten an der Ecke

Lieber Gott,
du weißt, was ich mir wünsche,
du weißt auch,
dass ich mir viele Dinge wünsche.
Drum denke ich jetzt mal
an was anderes, zum Beispiel
an die alten und kranken Menschen.
Auch an die Armen in unserer
Nachbarschaft.
Du weißt ja,
unten an der Ecke,
die Bauern, die dort wohnen,
haben ein Kind,
das sehr krank ist.
Es kann nur mit Schienen laufen.
Wenn du an deine eigene Not denkst,
als König Herodes alle kleinen
neugeborenen Jungen töten ließ,
dann denke jetzt auch an das
Kind drunten an der Ecke;
mach, dass es wieder laufen lernt,
auch ohne Schienen.
Das wäre mein Wunsch
an dich für heute.
Und jetzt,
tschüs und alles Gute!

Deine Evi

Nicht so viel Schnee wie am Südpol

Lieber Gott,
hilf den Armen,
vor allem auch in der Türkei,
damit sie nicht frieren müssen.
Hilf den Menschen in Amerika
und lass Regen kommen, damit
das Land nicht so trocken wird
und alles eingeht,
und außerdem hilf uns,
dass es hier nicht so trocken wird
wie in Amerika.
Vor allem aber –
es soll nicht so viel Schnee fallen
wie am Südpol.
Lieber Gott,
hilf den Menschen,
dass sie lesen und schreiben lernen
wie wir in Deutschland,
und hilf, dass alle mit deinem Segen
getauft werden und frei werden
von ihren Sünden.
Hilf auch, dass überall Schulen
gebaut werden, wo keine sind, und
dass die Menschen zu essen haben.
Mit den Erdbeben solltest du Schluss
machen, sonst weiß niemand mehr,
wo er noch wohnen soll …

Norbert

Du bist doch zuständig – oder?

Lieber Gott,
mach, dass es bald wieder
Weihnachten wird!
Mach, dass ich nicht krank werde!
Lieber Gott,
mach, dass die Eltern nicht
krank werden.
Und mach, dass ich lieb sein kann.
Lieber Gott,
mach doch bitte, dass meine
zwei kleinen Brüder auch lieb sind –
und, bitte, lass meine Eltern
nicht immer miteinander streiten.
Lieber Gott,
macht es dir was aus,
wenn du mir bald wieder ein
schönes Geschenk gibst,
weißt du, so ein großes, wie ich es
zu meinem Namenstag bekommen habe?
Du bist doch zuständig – oder?
Also überlege es dir gut,
damit ich mich bald drauf
freuen kann.

Claudia

Dass ich nicht Geschimpf bekomme

Lieber Gott,
ich bitte dich,
dass ich nicht Geschimpf bekomme
und dass ich nicht so vergesslich werde
und nicht mehr alle andern Kinder
kommandiere.
Lieber Gott,
ich freue mich so auf deine Geburt,
auf die Geschenke
und auf den großen Tannenbaum.
Lieber Gott,
ich wünsche mir so sehr einen
neuen Schreibtisch,
einen Foto,
einen Schlafanzug,
eine Kordhose,
einen Pullover
und ein Märchenbuch …

Elisabeth

Ich wünsche mir noch ein Brüderlein

Lieber Gott,
am allerliebsten wär's für mich,
wenn Mutti nicht immer so spät
von der Arbeit kommt.
Sie soll viel früher heimkommen.
Auch sollen meine Eltern nicht immer
so viel rumschreien,
wenn ich mal was angestellt habe;
da kann ich auch nix für.
Manchmal passiert halt was.
Das ist bei allen Kindern so.
Ich wünsche mir auch noch
ein kleines Brüderlein.
Meinetwegen kann es auch ein
Schwesterlein sein,
aber meine Eltern möchten
gar keines mehr.
Mir ist das gar nicht recht.
Vielleicht kannst du was
unternehmen …

Karola

Dass wir beim Fußball immer gewinnen

Lieber Gott,
wenn ich mir was wünschen darf,
dann wünsche ich mir ganz viel Schnee
und einen neuen Schlitten
und dann will ich mir einen Iglu bauen,
und alle meine Freunde
dürfen da reinkriechen und bei mir wohnen.
Wenn ich mir noch was wünschen darf,
dann wünsch ich mir,
dass mein Papi mehr Geld verdient,
damit Mami nicht immer so schwer
schuften muss, damit sie drauskommt.
Und dann wünsche ich mir noch,
dass auch die Leprakranken in Afrika
es besser haben sollen
und dass wir beim Fußballspiel
immer gewinnen oder wenigstens einen
besseren Schiedsrichter bekommen.
Der alte war gar nicht gut,
sagt mein Papi;
der war manchmal für die andere
Mannschaft – und das finde ich
gar nicht gut!

Jürgen

Dass meine Oma noch nicht stirbt!

Lieber Gott,
ich bitte dich,
dass die alten Menschen
und die kranken Leute
und die Armen
es so gut haben mögen wie wir.
Lieber Gott,
ich bitte dich, zu helfen,
dass der alte Herr Kunz
wieder gesund wird
und dass unser Fräulein
auch im nächsten Jahr
unsere Klassenlehrerin bleiben soll!
Ich will auch,
dass mein Wunsch in Erfüllung geht
und dass ich gesund und munter bleibe
und dass auch die Leute in Afrika
nicht mehr hungern müssen.
Zuletzt will ich dich bitten,
lieber Gott,
dass meine Oma noch nicht stirbt.
Ich habe sie sehr lieb;
das weißt du doch!

Frank

Worüber ich mich freue

Lieber Gott,
weißt du auch, worüber ich mich
am liebsten freue?
Ich werde es dir gleich sagen.
Ich freue mich am allermeisten,
wenn wir keine Schule haben.
Und ich freue mich auch,
wenn unsere Schülermannschaft
beim Fußballspiel gewinnt
gegen die anderen,
und noch mehr freue ich mich
wenn Mutti und Papi sich lieb haben
und wenn ich nicht jedesmal geschimpft
werde, weil ich keine guten Noten habe.
Lieber Gott,
es freut mich, dass du Weihnachten
so schön gemacht hast
und dass es viele Leute gibt,
die sich dann etwas schenken.
Freust du dich auch manchmal
über uns Kinder,
wenn wir brav sind
und nicht immer gleich meckern,
wenn die Erwachsenen auf uns einreden?

Alexander

Mach die Unrechten gerecht

Lieber Gott,
mach, dass die Menschen,
die hungern,
genug zum Essen und zum Trinken haben.
Mach, dass die Menschen,
die reich sind,
den Menschen,
die arm sind,
genug Geld zum Leben geben.
Mach, dass die Menschen,
die krank sind,
wieder gesund werden,
und mach, dass die Unrechten
gerecht werden.
Lieber Gott,
bitte, erfülle mir diese Wünsche,
denn sonst wünsche ich nichts.
Aber vielleicht weißt du doch,
was ich mir sonst noch
gern wünsche,
denn unsere Frau Lehrerin meint,
dass du immer alles schon lange
im Voraus weißt.

Christine

Die Menschen zur Vernunft bringen

Lieber Gott,
ich weiß zwar nicht,
ob du jetzt Sprechstunde hast,
aber trotzdem möchte ich
mit dir reden.
Sei mir bitte nicht bös über das,
was ich früher gesagt habe,
aber ich glaube, dass du
für Humor einen Sinn hast.
So – und jetzt kommt meine Bitte –
und zwar diese: Hilf den Kranken,
den Behinderten und den Hungernden.
Tu mir diesen Gefallen, sei so gut!
Und noch was anderes:
Ich möchte nicht, dass meine Schwester
und ich sich immer streiten.
Ich finde, wir könnten viel freundlicher
sein zueinander, aber meistens will
sie ja nicht.
Du weißt doch, wie Mädchen manchmal sind!
Lieber Gott,
ich verstehe nicht, warum die Menschen
immer Krieg führen müssen?
Könntest du die Menschen nicht
auch zur Vernunft bringen,
dass sie keinen Krieg mehr führen wollen …

Michael

Bitte, keine Plastikautos!

Lieber Vater im Himmel,
ich möchte schöne Geschenke bekommen.
Ich möchte,
dass meine Eltern gesund bleiben.
Ich möchte,
dass wir eine schöne Tanne
mit ganz schönen Kugeln bekommen.
Ich möchte,
dass ich nur gute Sachen bekomme –
keine Plastikautos und auch
keine Eisenautos, sondern
nur Legoautos möchte ich haben.
Ich möchte auch,
dass meine Eltern
schöne Geschenke bekommen
und dass wir alle immer friedlich sind
und auch glücklich,
so wie es sein soll,
wenn Menschen lieb sind
untereinander …

Friedhelm

Einen großen Rasen für mein Häschen

Lieber Gott,
ich wünsche mir ein zahmes Häschen,
das auch noch zutraulich ist,
wenn man es mal nicht füttert.
Ich möchte dazu noch einen
großen Rasen haben, so groß wie
ein Fußballfeld, damit mein Häschen
auch etwas zum Fressen hat
und nicht hungern muss.
Ferner will ich eine kleine Hütte,
wo man mein Häschen im Winter
reintun kann, wenn es kalt wird.
Lieber Gott,
vielleicht lässt es sich machen,
dass auch ein Baum auf
dem Rasen steht,
damit man hinaufklettern kann
und im Sommer reife Äpfel
runterholt, wenn man will.
Äpfel esse ich sehr gern.
Deshalb muss ich auch gar nicht
oft zum Zahnarzt.
Lieber Gott,
schenk mir bald mein Häschen.
Für alles andere sorge ich
dann schon …

Tina

Wie eine Hexe verkleidet

Lieber Gott,
meine Mutter kocht prima.
Sie ist die beste Köchin
von der Welt.
Sie schimpft selten mit mir
und haut mich nie –
so wie das bei den andern Kindern
oft der Fall ist.
Meine Mutter riecht immer so doll
nach *Parfümm* –
und an Fasching hat sie sich
wie eine schicke Hexe verkleidet.
Das war lustig!
Am Abend erzählt sie mir
oft Märchen und Witze
und dann darf ich ihr auch was
erzählen, bevor ich einschlafe.
Lieber Gott,
wenn meine Mutter nicht wär,
dann wär es gar nicht schön
auf der Welt …

Brigitte

Wenn sie lange warten müssen

Lieber Gott,
wir sind oft böse und ungehorsam,
wir lügen manchmal.
Bitte, verzeihe uns das Böse
und Schlechte. Aber nimm uns doch
auf in deine Herrlichkeit und
schenke uns deine Liebe.
Hole uns heraus aus der Finsternis
und führe uns zum Licht,
damit wir frei sind von Sünde
und Schuld. Verzeihe auch,
wenn wir nicht immer gehorchen.
Lass uns, wenn wir ganz mit den Nerven
fertig sind, einen Menschen finden,
der ein offenes Ohr hat
für uns und der nicht so egoistisch ist.
Lieber Gott,
ich bitte auch für die Kinder,
deren Eltern am Tag arbeiten müssen.
Lass sie nicht verzweifeln
und gib ihnen Mut,
wenn sie sehr lange auf die Eltern
warten müssen …

Sabine

Manchmal tust du mir richtig leid!

Lieber Gott,
manchmal tust du mir richtig leid,
weil alle Menschen so viel von
dir haben wollen.
Die einen sagen, sie wollen jetzt
schönes Wetter, und die andern sagen,
sie wollen jetzt lieber Regen haben.
Manchmal wollen sie Schnee
und manchmal wollen sie keinen Schnee.
Kennst du dich da noch aus?
Und die Leute wollen
mehr Geld haben und bessere Zeiten
und keinen Krieg und immer nur
neue Autos und so weiter.
Lieber Gott,
sag mal ganz ehrlich,
hörst du dir das alles an,
was die Leute sagen und wollen?
Verschließt du nicht auch schon mal
deine Ohren, wenn alle was haben wollen?
Oder wie machst du das?
Mich würde das interessieren …

Barbara

Wenn meine Katze stirbt

Lieber Gott,
ich bin nicht allein.
Ich habe eine Katze,
aber sie ist schon sehr alt.
Wenn meine Katze stirbt,
dann bin ich oft allein.
Drum wäre ich froh,
wenn ich jemand hätte,
der bei mir wäre.
Würdest du mir dann eine gute
Freundin schicken?
Lieber Gott,
vielleicht sagst du auch jemand,
dass ich gern einen Vogel hätte,
vor allem, weil die Katze schon alt ist.
Dann hätte ich den Vogel,
wenn die Katze stirbt.
Vielleicht überlegst du mal,
ob sich das machen lässt.
Eine Katze und einen Vogel –
das wäre ganz prima, nur weiß
ich leider nicht, ob meine Katze
dem Vogel auch nichts tut.
Da muss ich vorher den Händler fragen,
vielleicht kann der mir Auskunft geben …

Barbara

Danke für meinen Fußball

Lieber Gott,
hilf den Armen,
dass sie genug zu essen haben.
Hilf auch den Reichen,
dass sie teilen lernen
und nicht immer nur an sich denken.
Hilf auch den Tieren,
die fast ausgerottet sind,
und denk an die Tiere,
die im Winter kein Futter finden:
Hasen, Hirsche, Füchse, Rehe
und so weiter.
Aber auch die alten Häuser
und die römischen Überreste sollen
nicht alle neuen Straßen und Autobahnen
Platz machen müssen.
Hilf auch den Kranken und Gelähmten,
die im Rollstuhl fahren müssen.
Ich möchte dir, lieber Gott,
auch danken für meine Eltern und
Geschwister – und überhaupt,
dass ich nicht allein auf der Welt bin.
Ich danke dir, weil wir genug Geld haben
und ein eigenes Haus bauen können
mit einem schönen Garten drumrum.
Ich danke dir für die Spielsachen,

für mein Fahrrad und den Go-cart,
für meinen Fußball und mein Zimmer
mit dem Bücherregal und dem Sparschweinchen …

Andreas

Dass keiner mehr arm ist

Lieber Gott,
mach, dass ich lieb bin
zu meiner Mutti
und zu meinem Papa.
Bitte, mach doch,
dass ich meinen Eltern
viel Freude machen kann,
indem ich lieb bin zu ihnen.
Und mach auch andere Menschen
fröhlich
und mach, dass niemand mehr
ins Krankenhaus kommt
und dass niemand niemals mehr
mit mir schimpfen muss.
Auch hätte ich gern,
dass keiner mehr arm ist
von den Menschen,
egal, wo sie leben.

Lieber Gott,
wenn du willst,
kannst du es so machen,
wie ich vorgeschlagen habe.

Johannes

Lass sie nicht mehr frieren

Lieber Gott,
ich möchte, dass wir alle
schulfrei bekommen
und dass wir uns freuen darüber;
dass ich bessre Noten bekomme
und dass wir fleißig sind
in der Schule.
Ich möchte auch,
dass wir viele Geschenke erhalten
und auch anderen Geschenke
machen können.
Lass mich bald auf die Realschule
gehen und gib mir gute Zeugnisse.
Lieber Gott,
lass die armen Leute in der Türkei
und in Amerika und in Indien
nicht verhungern.

Und die Menschen,
die vor Kälte sterben müssen,
lass bitte nicht erfrieren …

Renate

Das ist ganz da unten in Afrika

Lieber Gott,
mach, dass alle Menschen
glücklich sind
und auch gesund, und mach,
dass Mutter und Vater
und Oma und Opa
auch gesund sind.
Hilf uns,
dass wir nicht verhungern
und auch sonst niemand
in der Welt verhungern muss –
und hilf,
dass niemand verdursten muss.
Es gibt viele Menschen
in der Sahara,
das ist da unten in Afrika,
genau weiß ich das auch nicht,
aber da sind viele Menschen
am Verhungern und am Verdursten.

Bitte,
stell das bald ab,
damit die Menschen nicht mehr
leiden müssen.

Christian

Hauptsache, ich krieg ein Geschwister!

Lieber Gott,
wie wäre ich froh,
wenn ich auch einen Bruder
und eine Schwester hätte
wie der Martin!
Ich wäre sehr froh,
wenn ich wenigstens einen Bruder
haben könnte und nicht immer
ganz allein sein muss,
wenn Mama bei der Arbeit ist
und Papa auch.
Aber meine Mama will davon
nichts wissen.
Bei Papa weiß ich nicht,
ob er dafür ist oder nicht.
Lieber Gott,
wenn du kannst,
dann suche einen Ausweg

aus dieser Lage.
Du bist doch allmächtig
und dir wird sicher was
einfallen.
Hauptsache, ich kriege
ein Geschwister!

Oliver

Ich verstehe nicht, warum …

Lieber Gott,
warum gibt es keinen Frieden
in der Welt?
Warum führen die Menschen Kriege
miteinander?
Ich kann mir gut vorstellen,
dass es viel schöner wäre,
wenn wir Frieden hätten und wenn
die Leute sich wieder vertragen könnten.
Dann hätten es auch die Menschen
in Afrika und Asien viel besser
und müssten nicht immer hungern
und sie hätten dann auch etwas
zum Anziehen und genug Wasser zum Trinken.
Ich verstehe nicht,

warum man diesen armen Menschen
nicht besser hilft, bevor sie
sterben müssen.
Wir sind doch auch nicht froh,
wenn wir einmal sterben müssen,
und die Kinder in Afrika
sicher auch nicht …

Jens

Wenn meine Mutter Auto fährt

Lieber Gott,
meine Mutter ist sehr lieb
zu mir und sie gibt mir auch
jeden Morgen einen Kuss,
und wenn sie abends heimkommt auch.
Lieber Gott,
ich bin einmal krank gewesen
und da hat meine Mutter
mich wieder gesund gemacht.
Wenn ich keine guten Noten habe,
sag ich es zuerst dem Papa,
der hält dann zu mir,
bevor meine Mutter etwas sagen kann,
und dann ist es nicht mehr so schlimm.

Wenn meine Mutter Auto fährt,
darf ich oft mitfahren.
Da freue ich mich schon lange
vorher darauf.
Sie fährt schnell, aber Papa
sagt manchmal, dass sie bummelt
und nicht richtig parken kann.
Lieber Gott,
mach, dass meine Eltern immer
gesund sind
und ich auch!

Paul

Es bedrückt mich sehr

Lieber Gott,
Vater im Himmel,
mich bedrückt sehr,
dass meine Lehrerin so oft
mit uns schimpfen muss.
Mich bedrückt auch,
dass die Leute im Krankenhaus
Weihnachten nicht daheim
feiern können,
weil sie krank sind.

Und dann bedrückt mich noch,
dass es so manche Leute im Grab gibt,
die auch nicht mehr Weihnachten
feiern können –
zum Beispiel meine Oma,
die vergangene Woche gestorben ist.
Und was mich sonst noch bedrückt –
dass es Leute gibt, die gar kein Geld
haben und nicht einmal genug Brot
oder kein Wasser,
weil sie in der Wüste leben müssen.
Sie haben nicht genug zum Leben.
Wenn du wirklich allmächtig bist,
lieber Gott,
dann frag ich mich, warum du
diesen Leuten nicht hilfst?

Karin

Wenn ich du wäre …

Lieber Gott,
ich frage mich oft,
warum die Menschen
immer so traurig sind,
wenn einer stirbt,

wo es doch im Himmel so schön ist!
Warum sind dann die Menschen
so traurig, wenn einer stirbt?
Verstehst du das?
Wenn ich du wäre,
würde ich die Menschen
mit viel Freude erschaffen,
dann wären sie auch nicht mehr
so traurig, wenn einer stirbt.
Wenn ich du wäre,
lieber Gott,
dann wäre das ganz prima
für mich!
Dann könnte ich alles machen,
was mir einfällt.

Stefan

Damit sie es schön haben

Lieber Vater im Himmel,
ich bitte dich,
dass ich besser werde
in der Schule
und auch bessere Noten schreibe.
Die Hausaufgaben sollte ich auch

regelmäßiger machen
und mit den andern Kindern
möchte ich spielen dürfen.
Ich will auch froh sein
und mich freuen,
dass wir ein schönes Haus haben
und auch sonst prima eingerichtet sind.
Wir können Feste feiern
und drum sollen die anderen Menschen
auch einmal ein schönes Fest feiern.
Ich meine, das sollen alle Menschen,
egal, wo sie wohnen.
Bitte, lieber Gott,
mach, dass alle Menschen
es so schön haben wie wir.

Ingrid

Damit es allen gut geht

Lieber Papi im Himmel,
mach bald, dass alle Kinder
nicht mehr leiden müssen
und dass unsere Frau Lehrerin
am letzten Schultag
nicht mehr mit uns schimpfen muss.

Und mach auch,
dass sie mit uns schöne Lieder
singt; du weißt doch,
wir singen so gerne schöne Lieder!
Lieber Gott im Himmel,
ich glaube an dich
und ich möchte dich bitten,
dass es keinen Krieg mehr gibt.
Hilf,
dass es anderen Menschen
auch gut geht,
damit sie es überall gut haben –
so wie wir.
Ich selber möchte,
dass es uns immer gut geht
und dass alle Menschen
es gut haben sollen.

Sabine

„Manchmal weine ich, aber nur, wenn es regnet – damit die anderen Kinder es nicht sehen!“

So sagte ein kleiner Junge aus Kambodscha zur norwegischen Filmschauspielerin Liv Ullmann, als diese ein Flüchtlingslager besuchte.

„Manchmal weine ich“ – so werden heimlich viele Kinder aus der Dritten Welt gestehen. Ihre

Gebete und Wünsche, mit denen dieses Kapitel abschließt, sind erdnah – ganz in der harten Wirklichkeit entstanden.

Mariannhiller Missionsschwestern vom Kostbaren Blut und deutsche Dominikanerinnen haben sie in Tansania, Kenia, Simbabwe und Südafrika gesammelt. Kinderwünsche, die für sich sprechen; die keines weiteren Kommentars bedürfen!

Adalbert Ludwig Balling

Die Affen hüten?

Lieber Gott,
wenn ich aus der Schule
nach Hause komme,
muss ich immer gleich
zu meiner Mutter aufs Feld gehen,
wo sie die Affen hütet.
Dann helfe ich ihr, die Affen zu verjagen.
Die wollen aber nicht;
sie schauen sich immer um
und werfen mit Steinen.
Lieber Gott,
mach sie alle mausetot!
Sie stehlen ja so viele Früchte
von unseren Feldern.

Du weißt doch,
wenn die Ernte schlecht ausfällt,
haben wir nichts zu essen;
dann müssen wir hungern.
Lieber Gott,
sende uns auch immer genug Regen,
damit die Maispflanzen gut wachsen.
Lass das Gras gedeihen
für unsere Kühe und Ochsen
und gib auch den Ziegen
genug zum Fressen.
Du weißt doch, Ziegen
kriegen nie genug!
Lieber Gott,
schütze uns alle,
auch vor den Affen.

Gerolda, Simbabwe

Ich habe das wirklich satt!

Lieber Gott,
könntest du das Loch im Dach
unserer Hütte stopfen?
Mein Papi würde es auch machen,
aber er hat kein Geld,
um Gras zu kaufen.

So regnet es oft herein,
auch nachts, wenn ich schlafe.
Bitte,
sag meinem Lehrer,
dass er mich nicht immer
mit meinem älteren Bruder vergleichen
soll. Ich habe das wirklich satt,
wenn er behauptet,
mein Bruder sei früher,
als er so alt war wie ich,
in der Schule viel besser gewesen
als ich.
Und einen letzten Wunsch habe ich noch:
Nächste Woche wollen
die großen Leute in unserem Dorf
mein Lieblingskalb schlachten.
Wenn du kannst, sag es mir rechtzeitig,
damit ich vorher zu meinem Freund
gehen kann und das Schreien
des Kälbchens nicht mitanhören muss …

Teli, Kenia

„Mein schweres Schwesterchen"

Großer Himmelsvater,
ich grüße dich.
Kannst du mich sehen?
Sag mal,
warum muss ich meine kleine Schwester
immerzu auf dem Rücken herumtragen?
Du weißt doch,
sie ist so schwer!
Und ich bin ja auch noch sehr klein,
aber Mama sagt immer,
ich sei schon groß –
und ältere Schwestern müssten
immer die jüngeren beschützen.
Ich schütze sie ja,
nur warum muss ich sie immer
auf dem Rücken herumtragen?
Hast du kein Mitleid mit mir?

Odilie, Tansania

Schulsorgen

Wie geht es dir,
lieber Gott?
Hoffentlich bist du gesund
und munter!
Weißt du,
ich habe zur Zeit
viele Sorgen.
Kannst du mir vielleicht
helfen, dass ich
die vierte Klasse schaffe?
Ich weiß,
ich muss mich anstrengen,
was ich ja auch tue.
Nur – hast du nicht auch
den Eindruck,
dass unsere Lehrer
manchmal zu viel
von uns verlangen?
Also, wenn du kannst,
sorge dafür,
dass ich in die Fünfte komme!

Thandile, Simbabwe

Ein Kleid ohne Löcher

Lieber Gott,
mein Kleid hat große Löcher.
Ich kann mit dem Finger durchfahren.
Bitte,
gib mir ein neues Kleid,
eines, das keine Löcher hat
und vielleicht ein wenig so aussieht
wie das Kleid der englischen Königin.
Du weißt doch,
die trägt immer so schöne Kleider!
Aber es macht auch nichts,
wenn es nicht ganz so schön ist,
Hauptsache, es hat keine Löcher.
Denn sonst lachen mich ja
die anderen Kinder immer aus.
Und das kann ich nicht mehr
ausstehen.

Susanne, Transkei/Südafrika

„Wenn die Erwachsenen immer nur schimpfen"

Lieber Gott,
wann hast du eigentlich beschlossen,
dass Kinder immer so viel arbeiten müssen?
Die Erwachsenen könnten doch auch
manchmal etwas mehr arbeiten, oder nicht?
Immer nur müssen wir Kinder
Reisig sammeln für das Kralfeuer,
Wasser holen, das Vieh hüten
und hinter den Ziegen herspringen.
Und wenn uns ein Schaf davonrennt,
dann kreischen die Großen und schlagen uns.
Dabei können wir doch nichts dafür,
wenn die dummen Tiere davonrennen.
Du weißt, lieber Gott,
ich bin ganz gern bei den Tieren,
nur kann ich es nicht leiden,
wenn die Erwachsenen uns immer
schimpfen und auslachen.
Woher sollen wir denn alles wissen,
was die wissen?
Warum haben sie keine Geduld mit uns?
Wir haben ja noch anderes zu tun,
als nur Vieh zu hüten
und Wasser und Holz zu holen!
Wir müssen auch noch zur Schule gehen

und unsere Hausaufgaben machen.
Lieber Gott, warum lässt du nicht öfter regnen?
Dann müsste ich kein Wasser mehr schleppen.
Warum lässt du das Holz nicht
direkt vor unserer Hütte wachsen?

Jimmy, Kenia

Schuhe für die Schule

Lieber Gott,
gib mir ein bisschen Geld,
damit ich mir Schuhe kaufen kann.
Jetzt ist doch Regenzeit –
und überall stehen Pfützen,
überall ist es dreckig
und nass.
Und, du weißt doch, unser Lehrer
schimpft schrecklich,
wenn ich mit schmutzigen Füßen
barfuß in die Schule komme.
Aber ich habe doch keine Schuhe,
nicht einmal einen.
Ich bitte dich sehr!

Albert, Mashonaland/Simbabwe

Von Ratten gefressen

Lieber Gott,
was soll ich machen?
Die Ratten haben mein Schulheft
aufgefressen.
Was soll ich machen,
wenn der Lehrer das nicht glaubt?
Weißt du Rat?

Antonio, Tansania

Zum Nachdenken

Das Gebet
ist der Atem der Seele.

Papst Paul VI.

*

Wir erbitten von Gott,
was uns gefällt,
und wir bekommen von ihm,
was uns nottut.

Leon Bloy

Das entscheidende Wort,
das ein Mensch sagen kann,
ist das Gebet.

Karl Rahner

*

Ich weiß kein schöneres Gebet
als das, womit Schauspiele
im Alten Indien schließen:
Mögen alle lebenden Wesen
von Schmerzen frei bleiben!

Arthur Schopenhauer

*

Gebete
bewegen mich
und helfen mir.
Es tut mir gut,
bewegt zu werden.

Bernard Shaw

*

Gott freut sich,
wenn man ihn belästigt.

Pfarrer von Ars

Die Macht des Gebetes
liegt in der Ruhe,
die nach ihm auf unser
Inneres sich breitet.

Karl Gutzkow

*

Betende Menschen
tragen alle Menschen
im Herzen.

Rene Voillaume

*

Das Reden mit Gott
ist unvergleichlich
wichtiger als das Reden
mit Gott.

Hans Asmussen

*

Nicht der Ort,
das Herz
macht das Gebet.

Sprichwort

Wer betet,
für den gehen alle Wege
ins Licht.
Für den zündet Gott
seine Sonne an;
er wird die Wärme
des göttlichen Morgens
erfahren.

Phil Bosmans

Kapitel 8

Groß und Klein im Miteinander

Wunschtraum vieler Eltern:
Unsere Kinder sollen es einmal
besser haben als wir!

Warum nicht auch:
Unsere Kinder sollen einmal
besser <u>sein</u> als wir?!

Glück und Freude
wohnen weniger im Haben,
mehr im Sein!

Adalbert Ludwig Balling

Die Welt ist schön …

… weil Eltern ihre Kinder liebkosen;
weil der Vater das Kleine
huckepack trägt;
weil die Mutter das Baby
auf den Schoß nimmt;
weil beide,
Vater und Mutter,
stolz sind
auf das kleine Wesen,
das ihnen anvertraut wurde.

… weil es Großmütter
und Großväter gibt,
die sich liebevoll
ihrer Enkelkinder annehmen
und sie voller Stolz
einführen ins spätere Leben.

Adalbert Ludwig Balling

Opa und Enkel

Opa und Enkelsohn – so beginnt eine Geschichte aus dem jüdischen Kulturkreis – waren gute Freunde. Doch eines Tages weinte der Kleine so herzzerreißend, dass der Opa sich zu ihm hinunterbückte und besorgt nach dem Grund der Tränen fragte.

Der Kleine: „Großvater, wir Kinder spielten Versteckeles. Ich musste mich verstecken – und mein Freund, der Joshua, war dran, mich zu suchen. Aber ich hatte mich so gut versteckt, dass er mich gar nicht finden konnte. Da hat er es dann aufgegeben. Er hörte einfach auf, mich zu suchen – und das, Opa, finde ich sehr gemein von ihm!"

Jetzt strich der Großvater dem Buben übers Gesicht, sanft und zärtlich. Und ihm selber kamen die Tränen, als er sagte: „Schau, Junge, so ist es auch mit Gott. Stell dir mal seinen Schmerz vor! Er hat sich versteckt und wir Menschen suchen ihn nicht! Verstehst du, was ich meine? Gott versteckt sich, und die Menschen suchen ihn nicht einmal …"

Adalbert Ludwig Balling

Die beiden Hände

Es sagte einmal die kleine Hand zur großen Hand:
Du große Hand, ich brauche dich,
weil ich bei dir geborgen bin.
Ich spüre deine Hand,
wenn ich wach werde und du bei mir bist,
wenn ich Hunger habe und du mich fütterst,
wenn du mir hilfst, etwas zu greifen und aufzubauen,
wenn ich mit dir meine ersten Schritte versuche,
wenn ich zu dir kommen kann, weil ich Angst habe.
Ich bitte dich: Bleibe in meiner Nähe und halte mich!
Und es sagte die große Hand zur kleinen Hand:
Du kleine Hand, ich brauche dich,
weil ich von dir ergriffen bin.
Das spüre ich,
weil ich viele Handgriffe für dich tun darf,
weil ich mit dir spielen, lachen und herumtollen kann,
weil ich mit dir kleine, wunderbare Dinge entdecke,
weil ich deine Wärme spüre und dich lieb habe,
weil ich mit dir zusammen wieder bitten und danken kann.
Ich bitte dich: Bleibe in meiner Nähe und halte mich![1]

Nach Gerhard Kiefel

---

[1] Aus: G. Kiefel: Du, J. Kiefel-Verlag, Wuppertal.

Die Zukunft
liegt in den Händen derer,
die der kommenden Generation
triftige Gründe dafür geben können,
zu leben und zu hoffen.

Teilhard de Chardin

Mutter Teresa und das Liebespaar

Zwei junge Inder kamen eines Tages in das Haus der Schwestern von Mutter Teresa in Kalkutta. Ein Liebespaar, wie sich herausstellte. Ihr Anliegen: Sie wollten einen größeren Geldbetrag der „Mutter der Armen" übergeben. Mit ihrer Spende, so sagten sie, solle Nahrung für die Armen der Großstadt gekauft werden.

Als Mutter Teresa sich etwas überrascht zeigte, von Hindus so viel Geld zu bekommen, antworteten die beiden jungen Leute: „Wir haben vor zwei Tagen geheiratet, hatten aber schon seit Längerem beschlossen, uns keine Hochzeitskleidung zu kaufen und auch keine große Feier zu veranstalten, sondern das gesparte Geld Ihnen, Mutter Teresa, zu übergeben – für die Armenspeisung …"

Adalbert Ludwig Balling

„Gehen wir aufeinander zu!"

Wie viele Zeitgenossen leiden heute unter hauchdünnen mitmenschlichen Beziehungen, leben in einer unterkühlten Atmosphäre! Sie kennen – wenn überhaupt – nur Zusammenkünfte, aber keine oder nur wenige Begegnungen.

In einer unheimlichen Schnelligkeit scheint sich die Gesellschaft des Industriezeitalters in „Monaden" (Einzelgänger) aufzulösen. Man spricht zwar von Dialog, aber es führt jeder nur einen Monolog für sich.

Harald Duwes Bild „Sonntagnachmittag" – über-realistisch gemalt – lässt den Betrachter erschrecken: Vater, Mutter und ein Kind sind zusammen in der Stube. Der Mann im Sessel versunken, starrt gelangweilt vor sich hin. Die Frau sitzt am Tisch, mit dem Rücken zu ihm, völlig apathisch. Das Kind kniet auf einem Stuhl und blickt aus dem Bild hinaus direkt dem Betrachter zu – mit erloschenen Augen.

Diese Familie ist bei lebendigem Leib tot. Da bestehen keine Beziehungen mehr, keine Gemeinschaft. Alle öden einander an; sie haben sich nichts mehr zu sagen. – Wird es so in Zukunft sein?

Ton Lemaire, der junge niederländische Philosoph, hat in seinem tiefgründigen und lesenswerten Buch über die „Zärtlichkeit" die einzig mögliche und verantwortbare Konsequenz im Schlusssatz seines Werkes gezogen: „Gehen wir aufeinander zu! Seien wir sanft zueinander, denn das Leben ist eine unerträgliche Pein!“

Reinhard Abeln

*

Die Welt besteht
aus lauter Gelegenheiten
zur Liebe.

Sören Kierkegaard

Ein Geburtstagsgeschenk für Alfred

Herr Müller aus O. stellt mir seinen Sohn vor. Er heißt Alfred und streckt mir – auf Müllers Wink hin – seine Hand entgegen. Eine puddingweiche Hand.

Leise Skepsis muss sich wohl bei mir gezeigt haben, denn Müller klärt mich rasch auf: „Alfred ist ein wenig zurückgeblieben. Bei seiner Geburt hat es Komplikationen gegeben. Kein Arzt konnte helfen. Der Junge ging zwar zur Volksschule, aber seine Intelligenzquote liegt weit unter dem Durchschnitt.“

Im Beruf allerdings (Alfred ist Baggerführer), so beteuert Müller, leistet Alfred vortreffliche Arbeit.

Nun ist er 21 geworden – und beide sind unterwegs zur Hafenstadt. Dort will Müller seinem Sohn die Schiffskräne zeigen. Ein Geburtstagsgeschenk des Vaters an den Sohn.

Alfred lächelt. Er scheint alles zu verstehen, ganz besonders gut versteht er des Vaters liebende Sorge.

Ich habe über diese Begegnung lange nachgedacht. Wochen danach noch habe ich mich gefreut: über die Liebe des Herrn Müller zu seinem Alfred und über die Anhänglichkeit Alfreds zu seinem Vater.

Gefreut habe ich mich auch deshalb, weil Müller, wohlhabender Direktor eines Großbetriebs, anstatt es andere tun zu lassen, sich persönlich Alfreds annimmt. Er ließ es sich nicht nehmen, ihn in die große weite Welt der Hafenstadt einzuführen, ihn bei seiner ersten „Auslandsreise“ zu begleiten, ihm das Traumland seiner kindlichen Fantasie – eine Schiffswerft – zu zeigen.

Es ist etwas Schönes um die Liebe des Vaters zum Sohn. Es ist etwas, das man nicht aus Büchern lernen kann. Hier kann keine Amme und kein Butler einspringen. Jeder Vater muss das Verhältnis zu seinem Sohn selbst er-lieben. Jeder Sohn muss die Liebe selbst entgegennehmen.

Adalbert Ludwig Balling

Erinnerungen an die Mutter

Franz Müntefering, Ex-Vorsitzender der SPD, stammt aus Neheim-Arnsberg (Sauerland), wo er seine Kindheit verbrachte. In großer Dankbarkeit erinnert er sich an seine tieffromme Mutter: Als Kind habe er noch miterlebt, wie sie anderen Menschen geholfen hat.

Damals waren viele Menschen unterwegs: Flüchtlinge aus dem Osten, Heimatlose und Evakuierte, Arme und Hungrige. Viele gingen von Tür zu Tür und bettelten um ein Stück Brot, ein Ei, einen Esslöffel Mehl …

Seine Mutter, erzählt Müntefering, bat alle, die anklopften, herein ins Warme und gab ihnen etwas zu essen. Und so aßen sie den kleinen Imbiss in der engen Küche. Das habe ihm, dem Jugendlichen, gar nicht gefallen. Doch seine Mutter ließ sein Maulen und Meckern nicht zu; sie reagierte energisch: „Man zwingt keinen Menschen, im Stehen zu essen! Das gehört sich nicht."

Adalbert Ludwig Balling

Das Buch mit den guten Taten

Eine Mutter schreibt: „Eines Tages kam mir der Einfall, die guten Taten meiner Kinder schriftlich festzuhalten. Ich erklärte meinen Kindern, dass ich unbedingt eine solche ‚Quelle der Freude' bräuchte, um darin nachzulesen, wenn ich mich mal wieder über sie ärgern müsste.

Jeden Abend beim ‚Gute-Nacht-Sagen' überlegen wir uns, welche guten Taten ich in mein Büchlein eintragen kann. Die Kinder sind mit Begeisterung dabei, und ich hätte nie geahnt, welche Wirkung ein solches schriftliches Festhalten zur Folge hat. Ich führe das Buch seit fast zwei Jahren.

Es ist auch heute noch manchmal ‚schwere Arbeit', etwas zu finden, was ich eintragen kann. Jeden Abend bemühe ich mich darum. Und wenn mir nichts einfällt, was zu loben ist, dann bekommt der Tag einen Strich, was jedoch ganz selten vorkommt. Was ich früher immer wieder ‚predigen' musste, klappt heute von alleine. Das gilt besonders für meinen Jungen, wenn er weiß, dass ich ihn lobend in meinem Büchlein erwähne."

Wer sein Kind auf diese – oder aber auch auf eine andere – Weise lobt, macht ihm Mut, das Leben zu wagen, und gibt ihm die Sicherheit, dass es auf dem rechten Weg ist und genug Kraft hat, ihn zu schaffen.

Reinhard Abeln

Liebe ist die beste Politik

Auch Großmütter haben ihre Sorgen. Zu denen ihrer eigenen Kinder kommen jetzt die Sorgen mit den Enkeln. Und welche Großmutter machte sich nicht ernsthaft Sorgen, wenn es um das Wohl und Wehe ihrer Lieben geht?

In einem Brief, geschrieben von einer sich sorgenden Großmutter, heißt es: „Meine älteste Enkelin, erst 23 Jahre alt, heiratet in ein paar Tagen. Er ist ein netter und fleißiger junger Mann. Mit dem Hochzeitstermin hat man mir allerdings gleichzeitig zu verstehen gegeben, dass nur standesamtlich getraut wird, nicht kirchlich. Meine Enkelin, so erfuhr ich erst jetzt, ist vor zwei Jahren aus der Kirche ausgetreten … All das hat mich sehr erschüttert, bin ich doch auch gleichzeitig die Taufpatin meiner Enkelin! Was soll, kann ich tun? Gewiss, ich bete viel für alle meine Enkelkinder, aber diese Enttäuschung tut sehr weh …"

Der Brief ist beileibe kein Einzelfall. Großmütter (auch Großväter), die sich um ihre Enkelkinder sorgen, sind auch keine Seltenheit. Was kann man tun?

Beten, gewiss. Aber was sonst? Wichtig ist vor allem, dass man den Faden nicht abreißen lässt, dass man willens bleibt, Gespräche zu führen, dass man immer durchblicken lässt, wie sehr einem am Wohl und Wehe seiner Lieben gelegen ist.

Hier liegt übrigens die große Aufgabe aller Großeltern – offen zu bleiben für die Sorgen, Fragen und Anliegen der jungen Generation. Was harte Worte selten schaffen, bringt mitunter ein gütiges Herz zustande.

Adalbert Ludwig Balling

Da sandte Gott zwei Engel auf die Welt …

Im Norden Chinas lebte einmal ein Mann am Fuß zweier großer Berge. Sie versperrten ihm den Weg nach Süden – und die Sicht auf die Sonne. Entschlossen machte sich der Alte, zusammen mit seinen Söhnen, an die Arbeit, die Berge abzutragen. Sie schufteten Tag und Nacht.

Schon machten sich die Nachbarn lustig über den Alten: „Du wirst dein Ziel niemals erreichen! Was du dir vornahmst, ist für Menschen nicht möglich!"

Der Alte wehrte ab: „Ich arbeite, solange ich kann. Wenn ich sterbe, werden meine Söhne weitermachen. Wenn sie sterben, werden meine Enkel weitermachen. Und so weiter. Die Berge sind zwar hoch, aber sie wachsen nicht mehr. Wir haben Geduld – und ein Ziel. Unsere Kraft kann wachsen. Es ist besser, etwas zu tun, als über den ewigen Schatten zu klagen."

Und so grub der Alte mit seinen Söhnen weiter, Woche um Woche, Monat um Monat, Jahr um Jahr. Das rührte Gott – und er schickte zwei seiner Engel auf die Erde, sie trugen die Berge auf ihren Rücken davon …

Nach einer alten Legende aus China

*

Man darf das Schiff nicht an einen einzigen Anker und das Leben nicht an eine einzige Hoffnung binden.

Epiktet

In den Armen des Vaters

Eines Nachts bricht in einem Haus ein Brand aus. Während die Flammen emporschießen, stürzen Eltern und Kinder aus dem Haus. Entsetzt sehen sie dem Schauspiel zu.

Plötzlich bemerken sie, dass der Jüngste fehlt, ein fünfjähriger Junge, der im Augenblick der Flucht vor Rauch und Flammen Angst bekam und in den oberen Stock kletterte. Man schaut einander an.

Keine Möglichkeit, sich in das Haus zurückzuwagen, das immer mehr zu einem Glutofen wird.

Da öffnet sich oben ein Fenster. Das Kind ruft um Hilfe.

Sein Vater sieht es und schreit ihm zu: „Spring!" Das Kind sieht nur Rauch und Flammen. Es hört aber die Stimme des Vaters und antwortet: „Vater, ich sehe dich nicht!"

Der Vater ruft ihm zu: „Aber ich sehe dich, und das genügt, spring!"

Das Kind sprang und fand sich heil und gesund in den Armen des Vaters, der es aufgefangen hatte.

Aus Deutschland

*

Für einen Vater
ist es das schönste Geschenk,
wenn er sieht,
dass er die Liebe
seiner Kinder hat
und dass sie ihn
und seine Ratschläge verstehen.

Konrad Adenauer

Pater Pirmins Südafrikareise

Er war über viele Jahre Französischlehrer an einer Schweizer Mittelschule. Während einer Südafrikareise lernte er mehrere katholische Missionsstationen kennen.

Nach einem Abendgottesdienst luden die Frauen der Pfarrei zum Essen ein: Es gab Reis mit Hühnchen. Pater Pirmins Eindrücke: „Wir aßen mit gutem Appetit. Dabei fiel mir auf, wie mehrere Kinder herumstanden und uns aufmerksam beim Essen zuschauten. Irgendwie störte mich das. Da erklärte mir der Missionar, die Kinder würden auf das warten, was wir übrig ließen – auf die Hühnerbeinchen! Das sei so üblich; und die guten Frauen bestünden darauf: Erst der Missionar, dann die hungrigen Kindermäuler! Und er fügte lächelnd hinzu: „Jetzt ist es unsere Ehrensache, an den Knöchelchen noch etwas dranzulassen; je mehr, desto besser für die Kinder!"

Bei einem anderen Mitbruder auf einer anderen Station, wo Pater Pirmin ebenfalls als Landsmann vorgestellt wurde, griff er nach der Messe in die Tasche und überließ den Kindern eine Tüte leckerer Schweizer Bonbons: „Ich kam mir zwar vor wie der gute Onkel aus Übersee, aber die Kleinen langten freudig zu und lutschten genüsslich."

Doch dann fiel ihm auf, dass eines der Schulmädchen die erhaschten Bonbons sorgfältig in seine Westentasche steckte. Vom Missionar nach dem Grund gefragt, sagte es leicht verlegen: „Ich habe daheim noch kleinere Geschwister; mit ihnen will ich meine Bonbons teilen."

Adalbert Ludwig Balling

„Eines meiner schönsten Weihnachtsfeste"

Einige Zeit vor Weihnachten überraschten mich die Kinder mit einer ungewöhnlichen Bitte. „Dieter", sagte meine Schwiegertochter Christine, „muss plötzlich über Weihnachten eine Vertretung in der Schweiz übernehmen. Ich würde ihn gern begleiten. Könntest du wohl die Kinder zu dir nehmen?"

Natürlich war ich zuerst enttäuscht. Wie sehr hatte ich mich auf das Weihnachtsfest bei meinen Kindern und Enkeln im Taunus gefreut! Endlich einmal ausspannen nach den hektischen und anstrengenden Tagen im Geschäft. Raus aus dem Großstadtrummel! Nichts zu tun haben als mit den Kleinen zu spielen und mit ihnen durch die verschneiten Wälder zu rodeln. Aber schließlich gab ich mir einen Ruck und sagte Ja.

Am nächsten Tag sah die Sache für mich schon anders aus, und ich fing an, mich darauf zu freuen.

Ich lief durch die Stadt und machte Weihnachtseinkäufe. Eine richtige große Bescherung wollte ich meinen Enkeln bereiten, genau wie früher, als unsere Kinder noch klein waren.

Ich kaufte und kaufte und merkte gar nicht, dass meine Brieftasche immer dünner wurde. Einen Weihnachtsbaum hatte ich auch schon lange nicht mehr gehabt. Nun suchte ich eine große Edeltanne aus und ließ sie mir nach Hause bringen.

Jetzt geriet ich in eine richtige Weihnachtsstimmung. Ich backte Weihnachtsplätzchen – das hatte ich viele Jahre nicht mehr gemacht –, stieg in den Keller und holte die Kugeln und Strohsterne, fand auch noch eine Weihnachtspyramide.

Bekannten, die mich für die Festtage einladen wollten, sagte ich ab: „Ich kann nicht kommen, meine Enkel besuchen mich zum Weihnachtsfest!" Und ich sagte es so froh, wie es mir wirklich aus dem Herzen kam.

Als die Enkel kamen, war das Weihnachtszimmer fast fertig und gut verschlossen. Mit dem geschmückten Tannenbaum und den Spielsachen darunter sah es aus wie früher, als mein Sohn noch klein war. Es bleibt noch zu sagen, dass es für mich eines der schönsten Weihnachtsfeste meines Lebens wurde – allein mit meinen Enkeln. Ich fühlte mich um viele Jahre zurückversetzt und wieder jung wie in den ersten Jahren unserer Ehe.

Als die Kleinen schliefen, schlich ich noch einmal an ihre Betten, wie ich es früher bei meinen Kindern tat. Sie hatten rote Wangen und einen glücklichen Ausdruck in ihren kleinen Gesichtern. Gabi hielt ihre neue Puppe fest im Arm, und Stephan träumte gewiss von seinem neuen Fahrrad.

Selten ist es mir so wie an diesem Weihnachtsabend bewusst geworden, wie schön es ist, Großmutter zu sein …

Eine 60-jährige Großmutter

Der bessere Weg

Ein kleiner Junge, der auf Besuch bei seinem Großvater war, fand eine kleine Landschildkröte und ging gleich daran, sie zu untersuchen. Im gleichen Moment zog sich die Schildkröte in ihren Panzer zurück und der Junge versuchte vergebens, sie mit einem Stöckchen herauszuholen.

Der Großvater hatte ihm zugesehen und hinderte ihn, das Tier weiter zu quälen. „Das ist falsch", sagte er, „komm, ich zeig dir, wie man das macht." Er nahm die Schildkröte mit ins Haus und setzte sie auf den warmen Kachelofen. In wenigen Minuten wurde das Tier warm, steckte seinen Kopf und seine Füße heraus und kroch auf den Jungen zu.

„Menschen sind manchmal wie Schildkröten", sagte der alte Mann. „Versuche niemals, jemanden zu zwingen. Wärme ihn nur mit etwas Güte auf und er wird sicherlich tun, was du möchtest."

Überliefert

Die Macht der Liebe

Ich möchte Ihnen hier von einer Großmutter erzählen, die für die junge Familie, um die sie sich kümmerte, zum Segen geworden ist.

Als dem jungen Ehepaar das erste Kind geboren wurde, stellte der Arzt eine einseitige zerebrale Lähmung (Gehirnlähmung) fest. Die Eltern brachten den Jungen zu verschiedenen Spezialisten mit der Bitte um Hilfe. Leider war der Befund jedesmal negativ: Das Kind würde nicht gehen und nicht richtig sprechen können.

Die Zeit verging. Als keine Heilung in Sicht war, begann sich die Oma mit dem Enkelkind zu beschäftigen. Von einem Physiotherapeuten (Heilgymnastiker) angeleitet, machte sie mit Thomas – so hieß der Junge – Bewegungsübungen. Sie sprach mit dem Kind, erzählte ihm Geschichten, baute Spielzeughäuschen, sang Kinderlieder für den Kleinen …

Es dauerte Monate, bis auch nur eine erste kleine

Regung andeutete, dass Thomas sich freuen konnte. Die Großmutter war sich ihrer Sache sicher. Sie ließ sich auch durch Rückschläge nicht irremachen. Mit eiserner Disziplin führte sie die täglichen Turnübungen mit dem teilweise Gelähmten durch.

Unendlich mühsam und kaum merklich besserte sich der Gesundheitszustand des Jungen. Aber mit fünf Jahren war Thomas dann doch so weit, dass er in den Kindergarten gefahren werden konnte. Und ein Jahr später ging er sogar ohne Krücken dorthin.

Die Beine des Jungen sind leicht geschrumpft und sie werden es wohl auch bleiben. Aber sonst ist der Junge völlig normal, fröhlich und voller Lebenslust. Er wird demnächst auch die Schule besuchen können.

Was ist doch die Liebe für eine Macht! Hier lebte eine alte Frau jahrelang nur für die junge Familie mit ihrem kranken Kind. Sie gab ihre Ruhe werktags und sonntags hin, damit der Geist ihres Enkels erwachen und seine hilflosen Glieder erstarken konnten. Heute freut sie sich. Doch auch jetzt vergeht kein Tag, an dem sie nicht mit Thomas turnt, spielt oder spricht.

Reinhard Abeln

„Damals war ich am glücklichsten“

Eines Tages traf ich einen steinreichen Mann, der die ganze Welt durchreist und vieles gesehen und erlebt hatte, wovon die meisten von uns kaum einmal träumen können.

Als ich ihn fragte: „Wann haben Sie sich eigentlich am glücklichsten gefühlt in Ihrem Leben?“, da sagte er: „Als ich als Kind eine schwere Krankheit hatte und lange Zeit im Bett liegen musste.“

„Und das war Ihre schönste Zeit?“, fragte ich erstaunt zurück.

„Ja“, antwortete er. „Weil meine Eltern viel arbeiten mussten, pflegte mich damals meine Oma. Ihre Milde und Geduld kann ich nie in meinem Leben vergessen. Sie hatte selbst viel zu tun – aber die ganzen Wochen, wo ich krank war, sah ich auf ihrem Gesicht immer nur die gleiche leuchtende Güte, niemals auch nur den kleinsten Zug von Verdrossenheit oder Gereiztheit. Ja, damals war ich am glücklichsten.“

Reinhard Abeln

„Grad eben ist's Christkind fort!"

Verse eines mir unbekannten Verfassers haben sich seit meiner Kindheit in mein Gedächtnis eingeprägt und mich zum Nachdenken angeregt:

„Fritzchen, bleib vom Schlüsselloch!
Das Christkindlein, das sieht das doch.
Fliegt davon, wenn man es stört.
Fritzchen, hast du nicht gehört?

Aber Fritzchen tat es doch.
Schaute durch das Schlüsselloch.
Christkindlein, beleidigt sehr,
flog davon und kam nicht mehr."

Spüren nicht alle Kinder in sich den Drang, am Heiligen Abend schnell mal durchs Schlüsselloch zu sehen? Welches Kind möchte nicht schon mal vor der Bescherung heimlich einen Blick ins Weihnachtszimmer werfen?

Auch mir ging es so, als ich ein kleiner Bub von drei oder vier Jahren war …

Das war doch jedesmal eine ganz verflixte Sache: Immer musste ich am Heiligen Abend wie eine arme Seele im Kinderzimmer warten und warten. Denn in der sogenannten „guten Stube" spielten sich geheimnisvolle Dinge ab, die für meine Kinderaugen anscheinend viel zu „heilig" waren.

Was war da los in der „guten Stube"? Ja natürlich: Das Christkind vom Himmel war da und legte all die schönen Sachen auf den Gabentisch unter den Christbaum. Und dann ertönte ein kleines Glöckchen, und Vater und Mutter riefen mich freudestrahlend herein ins Wohnzimmer.

Du lieber Himmel! Mir stand der Atem still vor lauter Staunen ob all des Glitzerns und Glänzens, das vom strahlenden Christbaum ausging. Der Baum war geschmückt mit vielen Kerzen und Kugeln, mit Lametta und Engeln, mit Strohsternen und Schokoladenherzen.

Der Christbaum in der „guten Stube" strahlte wie der Weihnachtsbaum in einem bekannten Gedicht des Schriftstellers Heinrich Hoffmann von Fallersleben:

„Und bunte Lichter ohne Zahl,
die brannten ringsumher;
die Zweige waren allzumal
von goldnen Äpfeln schwer.

Und Zuckerpuppen hingen dran;
das war mal eine Pracht!
Da gab's, was ich nur wünschen kann
und was mir Freude macht."

Suchend schaute ich im Raum umher und meine Mutter verstand gleich meinen fragenden Blick. „Grad eben ist's Christkind fort", sagte sie und deutete auf das Oberlicht am Fenster, durch das das Christkind soeben entwichen war.

„Es muss ja noch zu so vielen Kindern", ergänzte meine Mutter. „Da ist es schon weiter geflogen."

Und dabei hätte ich doch so gern das Christkind gesehen! Aber schade, es war gerade fort. Diesmal also war's nichts mehr. Aber vielleicht im nächsten Jahr!

Nein, auch im nächsten Jahr klappte es nicht, denn auch da hieß es nach dem Klingeln des Glöckchens: „Grad eben ist's Christkind durchs Oberlicht fortgeflogen!"

Ich war bitterlich enttäuscht. Vater und Mutter lächelten, aber ich war dem Weinen nahe. Im nächsten Jahr machte ich es anders. Als der Heilige Abend gekommen war, verließ ich mein Kinderzimmer, ging zur „guten Stube" und schaute durch das Schlüsselloch. Und was sah ich da?

Nein, das Christkind sah ich nicht, beim besten Willen nicht. Aber ich sah, wie Vater und Mutter die Geschenke auf dem Tisch unter dem Christbaum zurechtlegten und dann die Kerzen des Christbaums anzündeten.

In diesem Augenblick wusste ich, wer in jedem Jahr das Christkind gewesen war und mir die guten und schönen Sachen gebracht hatte.

Ich war zutiefst erschrocken. Ein Stück Zauber war mit dieser Entdeckung aus meinem Kinderparadies verschwunden. Eine Welt schöner Illusionen brach plötzlich auseinander.

Meine Eltern erkannten an diesem Abend mein verändertes Verhalten und ich erzählte ihnen von meiner Entdeckung. Da nahm mich meine Mutter in die Arme und drückte mich ganz fest an sich, als wollte sie sagen: „Es ist nicht so schlimm, mein Junge.“

Meine Enttäuschung hielt noch lange Zeit an und ist mir bis heute unvergessen geblieben. Aber sie hat meiner Liebe und meiner Dankbarkeit zu den Eltern keinen Abbruch getan.

Seit diesem Abend haben sich meine Eltern verstärkt um mich gekümmert. Ich denke fast als Wiedergutmachung. Sie haben mir meine vielen Fragen nach dem Christkind offen und ehrlich beantwortet und mir erklärt, warum wir in jedem Jahr Weihnachten feiern und uns gegenseitig beschenken.

„Warum reden wir eigentlich vom Christkind?“, fragte ich meine Eltern und sie antworteten: „Wir reden vom Christkind, weil Jesus als kleines Kind geboren wurde. Und da man ihn außer Jesus auch noch Christus nennt, sprechen wir auch vom Christkind.“

Ich ließ nicht mehr locker und fragte weiter: „Wieso kann ich das Christkind nicht sehen?“ Meine Eltern erklärten es mir so: „Es ist schon lange her, dass das Jesuskind geboren wurde. Dann ist es groß geworden und hat den Menschen von Gott erzählt. Nach seinem Tod ist der erwachsene Jesus zu Gott gegangen und wohnt seitdem bei ihm."

Mit diesen Antworten konnte ich etwas anfangen. Auf meine Frage, wie eigentlich das Jesuskind ausgesehen habe, sagte meine Mutter: „Das Jesuskind hat wie alle Kinder ausgesehen. Seine Mutter Maria und sein Vater Josef haben es so lieb gehabt, wie alle Eltern ihre Kinder lieb haben."

Als ich fragte, warum das Jesuskind in einem Stall geboren wurde, antwortete mein Vater: „Maria und Josef waren arme Leute, wie die meisten Menschen damals in Palästina. Deshalb kam Jesus in einem Stall zur Welt. Seine Eltern legten ihn in eine Futterkrippe, die mit Stroh ausgelegt war."

Aus meine Frage, warum wir jedes Jahr Weihnachten feiern, antworteten meine Eltern einfach und klar: „Wir freuen uns in jedem Jahr über die Geburt Jesu. Wir feiern seinen Geburtstag, weil wir diesem Jesus sehr viel zu danken haben. Jesus hat uns gezeigt, dass Gott uns als seine Freunde haben will."

Meine Eltern gaben sich größte Mühe, dass ich mit meiner Enttäuschung über das entflogene Christkind fertig werden konnte. Auch bei der Frage nach den Geschenken ließen sie mich nicht mehr im Unklaren. Nachdenklich geworden erklärten mir Vater und Mutter die Geschichte mit den Geschenken so:

„An Weihnachten freuen wir uns darüber, dass Jesus damals in Betlehem geboren wurde. Und weil wir uns so sehr darüber freuen, deswegen wollen wir auch anderen eine Freude machen. Wir suchen schöne Geschenke aus – der Vater für die Mutter, die Mutter für den Vater, die Eltern für die Kinder."

Das leuchtete mir schnell ein. Und diese Erklärung meiner Eltern weckte in mir den Gedanken, beim nächsten Weihnachtsfest auch meine Eltern zu beschenken.

So lernte ich zum ersten Mal, dass das Schenken mindestens ebensoviel Freude macht wie das Beschenktwerden! Eine Erfahrung, die mir für mein späteres Leben sehr viel geholfen hat.

Simon Witte

„Ich habe Zeit für meine Enkel"

Wie wichtig heute Großeltern sind, zeigt die Tatsache, dass Eltern immer weniger Zeit für ihre Kinder haben. Aber Kinder haben so viele Anliegen auf dem Herzen, die sie mit Erwachsenen besprechen möchten.

Glücklich dürfen sich die Familien schätzen, die Großeltern in ihrer Nähe haben. Denn die Erfahrung hat immer wieder gezeigt: Großeltern, die ihren Enkeln in echter Zuneigung und mit vollem Vertrauen verbunden sind und ihnen einen Teil ihrer Zeit schenken, tragen wesentlich dazu bei, dass sie gut gedeihen. Mit anderen Worten: Oma und Opa geben ihren Enkeln Entscheidendes für das Leben mit.

Die Zeit, in der Großeltern mit ihren Enkeln zusammen sind, mit ihnen spielen oder lesen, ihnen etwas erzählen oder sich von ihnen erzählen lassen, ist niemals eine verlorene Zeit. Im Gegenteil: Wer sich als Opa oder Oma mit seinen Enkeln liebevoll beschäftigt, hilft ihnen, wirklich leben zu lernen.

In einem Kinderaufsatz war einmal zu lesen: „Großeltern sind Menschen, die dich lieben, nicht weil du hübsch oder gescheit bist oder gute Zeugnisse hast, sondern weil du du bist."

Ich erinnere mich an eine sechzigjährige Schriftstellerin, die von einem Journalisten neugierig nach ihrem Lebensstil gefragt wurde. Ihre Antwort: Nein, sie züchte keine Kakteen, sie sammle keine Briefmarken. Sie habe auch keine runde Antwort auf die Frage nach dem Sinn des Lebens. Wenn sie dazu irgendetwas sagen könne, dann sei es nur dies: „Ich liebe meine Enkel. Ich habe immer Zeit für sie."

Mich hat diese Antwort beeindruckt. Da sieht eine Schriftstellerin den Sinn ihres Lebens nicht in dem, was sie ihren Lesern zur Information oder zur Unterhaltung anbietet, sondern in der Zuneigung und Zuwendung zu ihren Enkeln. „Ich habe immer Zeit für sie“, sagt sie. Wer dies tut, so sagt eine Redensart, hat keine Zeit, alt zu werden.

Großeltern, die Zeit haben, sind für ihre Enkel eine große Lebenshilfe. Denn wer Kindern begegnet, hilft ihnen, erwachsen zu werden. Und nichts macht ältere Menschen so angenehm und annehmbar wie die Freude an der Begegnung mit ihren Enkeln.

Reinhard Abeln

Mein Wunsch für das Neugeborene:

Dass es wachsen möge
und groß werde
und allen Freude bereite,
die es liebevoll bestaunen.
Dass es zum Segen werde
für seine Eltern und Großeltern –
und ein Geschenk für jene,
deren Leben es später einmal
teilen wird.
Dass es mit den Jahren seine Einmaligkeit begreife
und Gott danke für seine Liebe.

Adalbert Ludwig Balling

Die Mutter bei der Wiege

Schlaf, süßer Knabe, süß und mild!
Du deines Vaters Ebenbild!
Das bist du! Zwar dein Vater spricht,
Du habest seine Nase nicht.

Nur eben itzo war er hier
Und sah dir ins Gesicht,
Und sprach: „Viel hat er zwar von mir,
Doch meine Nase nicht."

Mich dünkt es selbst, sie ist zu klein,
Doch muss es seine Nase sein;
Denn wenn's nicht seine Nase wär',
Wo hätt'st du denn die Nase her?

Schlaf, Knabe! Was dein Vater spricht,
Spricht er wohl nur im Scherz;
Hab' immer seine Nase nicht,
Und habe nur sein Herz!

Matthias Claudius

Kindheitserinnerung

Meine schönste Kindheitserinnerung
ist die:
Als ich einmal allein zu Hause war,
wollte ich etwas
aus dem Kühlschrank holen
und stürzte dabei so unglücklich
von einem Stuhl,
dass ich mir den Arm brach.
Bald darauf trug mich
die Mutter zum Arzt.
Nie mehr habe ich so stark erlebt,
was Geborgenheit ist,
wie damals auf dem Weg
ins Krankenhaus.

Ida Friederike Görres

Gebet

Herr, ich will meinem Kind
ein guter Vater – eine gute Mutter – sein.
Ich möchte so zu ihm sein,
dass ich diesen Namen auch verdiene.
Dabei sollst du, guter Vater,
mein Vorbild sein.
Du hast dich uns vorgestellt
als Jahwe: Ich bin der Ich bin da
und als Immanuel: Gott mit uns.
Du umfängst mich mit deiner Liebe und Güte.
Wie du zu mir bist,
so möchte ich zu meinem Kind sein.
Gib mir die Kraft dazu!

Reinhard Abeln

Segne, Herr, mein Kind

Ich bringe es zu dir, o Herr;
segne es. Du kennst seine Wege,
du weißt, ob seine Wege
gerade sein werden
oder ob ihm Unglück bevorsteht.
Du kennst alle seine Wege,
du kennst jede Gefahr.
Wenn du es willst,
wird mein Kind glücklich werden,
und wenn du es willst,
wird es wachsen und groß werden
und eine Freude sein für alle,
die ihm begegnen.
Herr, ich bitte dich,
segne mein Kind!

Beduinenfrau aus der Sahara

Und der Krieg unterblieb

Als der Krieg zwischen den beiden benachbarten Völkern unvermeidlich war, schickten die Feldherren von beiden Seiten Späher aus, um sich zu erkundigen, wo man am leichtesten in das Nachbarland einfallen könne.

Die Kundschafter kehrten zurück und berichteten auf beiden Seiten dasselbe: Es gebe nur eine Stelle an der Grenze, die sich dafür eigne.

„Dort aber", sagten sie, „wohnt ein braver kleiner Bauer in einem kleinen Haus mit seiner anmutigen Frau. Sie haben einander lieb, und es heißt, sie seien die glücklichsten Menschen auf der Welt. Sie haben ein kleines Kind. Wenn wir nun über sein Grundstück marschieren, dann zerstören wir das Glück. Also kann es keinen Krieg geben."

Das sahen die Feldherren ein und der Krieg unterblieb, wie jeder Mensch begreifen kann.

Chinesisches Märchen

Ronald Reagan erinnert sich

Zu Hause, als Ronald Reagan noch klein war, herrschte bittere Armut. Sein Vater trank mehr, als er vertrug. Die Mutter war eine einfache Frau.

Der spätere Präsident der Vereinigten Staaten von Amerika hat sehr herzliche Worte für sie: „Meine Mutter – Gott hab sie selig! – war der freundlichste Mensch, den ich je kennengelernt habe; sie wusste immer Leute ausfindig zu machen, denen sie helfen konnte. Wir waren arm, aber meine Mutter hatte immer noch etwas für jene, die ärmer waren als wir …"

Als Filmschauspieler, so Reagan, habe er einmal einen Brief von einem Mann erhalten, dessen Töchterlein im Sterben lag. Für das Mädchen wollte der Vater ein signiertes Foto haben. Reagan lehnte ab. Aber sein eigener Vater, dem er davon erzählt hatte, überredete ihn, das Foto doch zu schicken.

Zwei Wochen danach erhielt Reagan einen Brief von einer Pflegerin jenes Hospitals, wo das kleine Mädchen gelegen hatte. Die Krankenschwester teilte ihm mit, die Kleine sei inzwischen gestorben; sterbend habe sie das Foto des Filmstars Ronald Reagan umklammert.

Dies war für Reagan eine Lektion fürs Leben: „Nie mehr will ich ungehalten sein, wenn ich einem anderen Menschen eine kleine Freude machen kann!"

Adalbert Ludwig Balling

Albert Schweitzers Ratschlag

Albert Schweitzer (1875–1965), elsässischer Theologe, Philosoph, Arzt, Musiker und Bach-Interpret, der vor allem durch seinen selbstlosen Einsatz im Urwald von Lambarene/Westafrika ab 1913 weltweites Aufsehen erregte und 1952 dafür den Friedensnobelpreis erhielt, wurde einmal von Bekannten gefragt, wie er sich denn die Erziehung der Kinder vorstelle. Ob er ein paar praktische Tipps geben könne, wie man Kinder am besten erziehe?

Schweitzer gab keine langen Grundsatzerklärungen ab. Seine Antwort war ganz einfach und schlicht – und daher wohl auch um so überzeugender: „Wie man am besten Kinder erzieht? Erstens – durch Beispiel. Zweitens – durch Beispiel. Drittens – durch Beispiel!"

Adalbert Ludwig Balling

Auf das Beispiel kommt es an

Bruno Bettelheim, der berühmte Arzt und Kinderpsychologe, sagte einmal in einem Fernsehgespräch, Kinder respektierten im Allgemeinen ihre Eltern (die Erwachsenen) nicht, wenn diese sie „wie Kinder“ behandelten, das heißt, wenn sie immerzu nur von „oben herunter“ auf sie einredeten.

Es komme viel darauf an, *wie* die „Großen“ mit den „Kleinen“ umgingen, und das wiederum hänge weithin davon ab, *wie* die Erwachsenen ihr Leben lebten.

Kurzum – Respekt vonseiten der Kinder gegenüber ihren Erziehern wachse oder verblasse mit dem Grad der Echtheit des Lebens derer, die sie erziehen. Am allerwichtigsten sei die innere Harmonie zwischen Wort und Beispiel.

Genau genommen, keine neue Erkenntnis! Franz von Sales, der große Bischof von Genf, hat es nicht viel anders gesehen: „Mit einem Löffel Honig fängt man mehr Wespen als mit einem Fass voll Essig!“

Er hielt auch in der Kindererziehung mehr vom guten Beispiel als von bloßen Worten; mehr von liebevollem Zureden als von bitterer Strenge.

Adalbert Ludwig Balling

Lebens-Wunder, Lebens-Pannen?

Sein Vater, so erzählte Friedrich Schorlemmer einmal, habe sehr schön erzählen können, Märchen und Fabeln vor allem. „Das war eine schöne Erfahrung, Kind zu sein mit einem Vater, der zudem immer eine warme Hand hatte. Er konnte auch sehr hart sein. Ich habe einmal kräftig Prügel gekriegt, weil ich mit einem Freund zusammen die Ziege des Bürgermeisters verprügelt hatte. Sie hatte uns im Weg gestanden. Ich war vielleicht sechs oder sieben. Das war ein sehr nachhaltiges Erlebnis."

Ein anderes Mal war es das „Erlebnis einer wunderbaren Bewahrung". Im März 1957 sei er beim Taubenfangen vom Kirchturm gefallen, 20 Meter tief; außer Prellungen sei er heil davongekommen!

Ähnlich „wunderbar" sei es gewesen, als – viele Jahre später – sein eigener Sohn mitsamt dem Kinderwagen in die Saale gefallen sei. Der Bub war schon völlig unter Wasser, doch habe er, der Vater, in letzter Minute gerade noch den Griff des Kinderwagens fassen können …

Zu den „wirklich schmerzhaften Erfahrungen" seines Lebens gehöre auch das Ende der Beziehung zu seiner Frau: „Wir hatten beide gedacht, dass wir ein Leben lang zusammenbleiben könnten. Wir mussten uns nach 20 Jahren Ehe eingestehen, dass das, was uns im Innersten verband, aufgebraucht war …" (vgl. F. Schorlemmer, Freiheit als Einsicht, München 1993, S. 321ff.).

Schorlemmer hat 1993 den Friedensnobelpreis des Deutschen Buchhandels erhalten. Er ist der Sohn eines evangelischen Pfarrers, wurde selbst Pastor und setzte sich, noch unter dem DDR-Regime, sehr energisch für Frieden, Menschenwürde und Freiheit ein.

Sein Engagement – so sieht es heute aus – wäre ohne die Erlebnisse und Erfahrungen seiner frühen Jahre kaum denkbar.

Adalbert Ludwig Balling

Zum Nachdenken

Erst wenn man genau weiß,
wie die Enkel geraten sind,
kann man beurteilen,
ob man seine Kinder
gut erzogen hat.

Erich Maria Remarque

Bei Kindern braucht man:
ein Gläschen voll Weisheit,
ein Fass voll Klugheit
und ein Meer voll Geduld.

Franz von Sales

*

Die Seele eines Kindes
ist heilig,
und was vor sie gebracht wird,
muss wenigstens
den Wert der Reinheit haben.

Johann Gottfried Herder

*

Wer Geld,
aber keine Kinder hat,
ist nicht wirklich reich.
Wer Kinder,
aber kein Geld hat,
ist nicht wirklich arm.

Aus China

Bevor ich verheiratet war,
hatte ich sechs Theorien
über Kindererziehung.
Jetzt habe ich sechs Kinder
und keine einzige
Theorie mehr.

John Wilmot

*

Kinder sind Gäste,
die nach dem Weg fragen.

Ausspruch einer alten Frau

*

Das Kind will,
dass man ihm befiehlt,
damit es die Möglichkeit hat,
nicht zu gehorchen.

Jean-Paul Sartre

*

Deine Kinder
sind nicht deine Kinder.
Sie sind die Söhne und Töchter
der Sehnsucht des Lebens
nach sich selbst.
Sie kommen durch dich,

aber nicht von dir,
und obwohl sie bei dir sind,
gehören sie dir nicht …
Du bist der Bogen,
von dem deine Kinder
als lebende Pfeile
ausgeschickt werden.

Khalil Gibran

*

Kinder und Uhren
dürfen nicht beständig
aufgezogen werden,
man muss sie auch
gehen lassen.

Jean Paul

*

Ein Kind
ist ein kostbar Ding
und eine schwere Bürde.

Afrikanisches Sprichwort

Kinder sind wie Blumen.
Man muss sich
zu ihnen niederbeugen,
wenn man sie
erkennen will.

Friedrich Fröbel

*

Ein Kind ist ein Rätsel
und in diesem Rätsel
liegt vielleicht
der Stein der Weisen.

Jeremias Gotthelf

*

Die Menschen wissen nicht,
wie schön es eigentlich
in Kinderherzen aussieht
in denen die Liebe aufblüht.
Sie wissen aber auch nicht,
wie zart diese Pflanze ist
in ihrem Frühling
und wie leicht ein Frost
sie lähmt oder tötet.

Jeremias Gotthelf

Ein Kind
ist gewissermaßen
ein Genie
und jedes Genie
gewissermaßen
ein Kind.

Arthur Schopenhauer

*

Kinder sind Philosophen.
Sie fragen viel,
hinter-fragen
die Welt der Erwachsenen.

Adalbert Ludwig Balling

*

Nicht die Philosophen,
sondern die Kinder
stellen die radikalsten Fragen.

Hellmut Walter

*

Nur Kinder, Narren
und sehr alte Leute
können es sich leisten,
immer die Wahrheit zu sagen.

Winston Churchill

Kinder betragen sich
wie ihre Eltern –
ungeachtet
aller Anstrengungen,
die diese unternehmen,
ihnen gute Manieren
beizubringen.

Wilhelm Mühs

*

Kinder sind
sichtbarer Ausdruck
unserer Sehnsucht.
Menschsein heißt
aufbrechen
zu einem fernen Ziel:
Kind zu sein.

Wilhelm Mühs

*

Der Geist der Kindschaft
ist ein Geist der Schlichtheit
und der Freude,
der sich mit dem größten
Wissen und der schönsten
Einsicht verbindet.
Man darf Kindsein

nicht mit Kindischsein
verwechseln.
Dies wäre eine Karikatur
des Kindseins und ihm
völlig entgegengesetzt.

Madeleine Delbrêl

*

Lass deine Kinder
gehen,
wenn du sie
nicht verlieren willst.

Malcom Forbes

*

Solange die Kinder
noch klein sind,
gib ihnen tiefe Wurzeln!
Wenn sie älter
geworden sind,
gib ihnen Flügel!

Aus China

Mit einer Kindheit
voll Liebe
kann man
ein halbes Leben hindurch
für die kalte Welt
haushalten.

Jean Paul

*

Erwachsen sein heißt:
vergessen, wie untröstlich
wir als Kinder
oft gewesen sind.

Heinrich Böll

*

Eltern
verzeihen ihren Kindern
die Fehler am schwersten,
die sie ihnen selbst
anerzogen haben.

Marie von Ebner-Eschenbach

Welches Kind
hätte nicht Grund,
über seine Eltern
zu weinen?

Friedrich Nietzsche

*

Wenn wir nicht eine Welt
aufbauen können,
in der Kinder
nicht mehr leiden,
sollten wir wenigstens
versuchen,
das Maß der Leiden der Kinder
zu verringern.

Albert Camus

*

Kindertränen sind, bei Gott,
nicht kleiner
und wiegen oft genug
schwerer als die Tränen
der Großen.

Erich Kästner

Bis in die Gegenwart
haben wir uns angelegen
sein lassen,
das Kind mit Gewalt
und Anwendung äußerer Gesetze
zu beherrschen,
anstatt es innerlich
zu erobern.

Maria Montessori

*

Die großen Leute
verstehen nie etwas von selbst
und für die Kinder
ist es zu anstrengend,
ihnen immer wieder
alles erklären zu müssen.

Antoine de Saint-Exupéry

Zum Schluss

Humorvolle Episoden aus dem Alltag der Kinder

Es gibt Dutzende, Hunderte solcher Episoden – witzig, zum Schmunzeln und fast immer auch ein wenig hintergründig; zwar meistens schlicht erzählt und ernst gemeint, aber häufig voller Witz und Humor. Wir haben neun solcher „Verzählchen" ausgesucht und stellen sie bewusst an den Schluss dieses Buches, nicht zuletzt, um die Leserinnen und Leser nach dieser Lektüre ein bisschen optimistisch zu stimmen. Und vielleicht sogar das biblische Wort: „Wenn ihr nicht werdet wie die Kinder!" jetzt noch besser zu verstehen.

(1) Johannes, sechs Jahre alt, will will und will nicht zum Essen kommen. Die Mutter lädt ihn mehrere Male ein, mit guten Worten, bittet ihn, er möge doch endlich zu den anderen Geschwistern sich an den Tisch setzen.

Aber nein, der Kleine bockt. Er mag nicht. Egal, wie sehr die Mutter ihn auch bittet. Schließlich packt sie ihn, sichtlich verärgert über seine eigenwillige Haltung, und setzt ihn mit einem kräftigen Schwung auf den noch freien Stuhl am Küchentisch.

Johannes bleibt trotzig. In stoischer Ruhe murmelt er halblaut zur Oma hin: „Aber innerlich stehe ich noch!"

(2) Lehrer haben oft Grund – oder meinen, Grund zu haben, sich über die Kinder aufzuregen. Sie reagieren verärgert, doch im Nachhinein tut es ihnen meist leid, wenn sie mit den Schülern zu hart waren.

So passierte es einmal, während die Lehrerin einen Text an die Tafel schrieb, dass die Klasse unruhig wurde – hinter ihrem Rücken. Nach einer Weile warnte sie die Kinder, sie möchten doch bitte Ruhe geben!

Da erinnerte sich einer der Schüler einer ähnlichen Situation – und meinte denn auch recht verschmitzt: „Frau Lehrerin, zeigen Sie doch mal Ihr Gesicht, damit wir wissen, wie schlimm Sie's meinen!

(3) Ein Erstklässler kommt einige Wochen nach Schulbeginn zur Lehrerin, zupft ihr verstohlen am Ärmel und sagt treuherzig: „Fräulein, du, ich hab dich sehr lieb; so lieb wie meinen Teddy; nur, na ja, der hat ein schöneres und weicheres Fell!"

(4) Im Unterricht erzählt die Lehrerin vom Flug der Vögel in wärmere Länder– von den Schwalben zum Beispiel und von den Störchen.

Als sie ein paar Tage später noch einmal darauf zurückkommt, fragt sie die Kinder: „Nun, sagt mal, warum fliegen die Störche vor dem kommenden Winter nach Afrika!?"

Prompt kommt die Antwort aus der Klasse: „Weil die schwarzen Menschen auch Kinder haben wollen!"

(5) Religionsunterricht. Der Lehrer fragt: „Sagt mal, wo ist eigentlich der Himmel?" – Brav und artig antwortet die kleine Helene: „Himmel ist überall, wo Gott ist – und der ist überall!" Etwas später fügt sie, nachdenklich geworden, hinzu: „Aber am allerliebsten habe ich den Himmel bei Papa und Mama – und meinem kleinen Schwesterchen. Da ist es am allerschönsten und sehr kuschelig!"

(6) Schwester Annette erklärte den Kleinen im Kindergarten die Erschaffung der Welt. Gott habe alles so schön gemacht, weil er die Menschen gern hat.

Nach einer Weile fragte Christian, das Köpfchen

bequem auf die rechte Hand gestützt: „Schwester, sag mal, hat der liebe Gott damals auch die kleinen Tierchen gemacht – die Läuse und die Flöhe und so weiter …?“

„Aber ja, mein Junge, auch die Läuse und die Flöhe hat der liebe Gott geschaffen!“

Darauf der Kleine: „Na, das muss aber eine ziemlich knibbelige Arbeit gewesen sein!“

(7) Ein Kind weint und weint. Es kann keinen Grund nennen, zuckt nur hilflos mit den Schultern, als der Lehrer fragt, warum es denn so arg weine; er vermutet eine beginnende Krankheit und informiert die Mutter des Mädchens.

Nach dem Telefongespräch mit der Mutter kehrt das Mädchen in die Klasse zurück — und weint immer noch. Da gibt ein Mitschüler den Rat: „Vielleicht müsste sie nur mal ganz lieb in die Arme genommen werden; vielleicht wäre dann alles wieder gut!“

(8) Thomas kam eines Tages ganz begeistert von der Schule zurück. Es war im November und die Lehrerin hatte mit den Kindern ein kleines Nikolausspiel eingeübt.

Gefragt, was er denn in der Schule erlebt habe, rief Thomas voller Begeisterung: „Mutti, Mutti, heute haben wir Probealarm gehabt für die Nikolausfeier!“

(9) Bischof Klaus Hemmerle von Aachen schrieb

einmal an die Kinder seiner Diözese, sie möchten mal darüber nachdenken, wo und wie man den lieben Gott finden könne.

Da schrieb ein siebenjähriges Mädchen: „Lieber Bischof Klaus! Ich bin erst siebeneinhalb Jahre alt. Darum ist die Frage, wie ich den lieben Gott finden kann, sehr schwer. Aber meine Eltern sagen: Das ist nicht so schlimm, denn sie wollen mir dabei helfen, den lieben Gott zu finden …

Adalbert Ludwig Balling

Die Autoren und Herausgeber

Reinhard Abeln, Dr. phil., (1938–2021), studierte nach der Ausbildung zum Grund- und Hauptschullehrer Philosophie, Psychologie, Pädagogik und Anthropologie. Er war als Journalist in der Kirchenpresse und Referent in der Erwachsenenbildung tätig. Als Autor hat er zahlreiche Veröffentlichungen über Lebens-, Ehe- und Erziehungsfragen vorgelegt sowie viele Kinderbücher verfasst. Reinhard Abeln ist verheiratet und hat zwei erwachsene Kinder.

Adalbert Ludwig Balling, geb. 1933, ist Mariannhiller Missionar. Nach sechseinhalb Jahren in Rhodesien/Simbabwe (und dann wieder in Deutschland) war er als Journalist, Redakteur und Publizist tätig. Seine Bücher fanden weite Verbreitung. Dutzende wurden in Fremdsprachen übersetzt. Auf zahlreichen Foto- und Info-Reisen lernte er Menschen und Kulturen auf allen Erdteilen kennen. Die von ihm herausgegebene Reihe der „Mariannhiller Geschenkbände" umfasst 120 Titel. Seine umfangreichen Biografien wurden zu Standardwerken missionarischen Lebens und Wirkens. Sein Motto: Freude ist eine Liebeserklärung an das Leben. Wer mithilft, die Schöpfung zu bewahren, baut Brücken in die Zukunft.

Gemeinsam herausgegebene Bücher von Reinhard Abeln und Adalbert Ludwig Balling

Der Engel von Dachau

Pater Engelmar Unzeitig – Ein Märtyrer der Nächstenliebe

Im September 2016 wurde Pater Engelmar Unzeitig selig gesprochen, der als Märtyrer im Priesterblock des Konzentrationslagers Dachau kurz vor Kriegsende 1945 sein Leben verlor. Diese Lebensbeschreibung ist ungemein bewegend. Sein Mithäftling Prälat Emil Kiesel sagte über ihn: „Er war die Liebe in Person. Mehr kann ich nicht sagen: Das ist er gewesen: Liebe!"

192 Seiten, 8,95 €, Best.-Nr. 00568

Liebe und mache, was du willst

Über Sanftmut und Zärtlichkeit, Zufriedenheit, Ehrfurcht und Respekt

Liebe ist die Richtschur im Leben, an der sich alles Tun des Menschen messen lassen muss. Wer nur um sich selbst kreist, wer sich abkapselt, wer den Mitmenschen und Gott nicht an sich heranlässt, verfehlt sein Leben. Der heilige Augustinus, der große Kirchenlehrer, weist uns den Weg: „Liebe und dann tu, was du willst." Dieses Lesebuch mit kurzen Geschichten, Spruchweisheiten, Anekdoten und meditativen Impulsen zeigt auf, worauf es im Leben ankommt.

267 Seiten, Pb. 6,95 €, Best.-Nr. 00556

Im Tod keimt ewige Glückseligkeit

Hoffnungstexte, die Kraft geben und Mut machen

Mit kleinen Tipps und Hilfestellungen in Form von Erlebnissen, Geschichten, kurzen Essays sowie zahlreichen Sinnsprüchen weisen die Autoren auf die Brücke zwischen Leben und Tod hin. Sie wollen das „Wissen" vermitteln, dass jenseits des irdischen ein neues Leben auf uns wartet – ein Dasein in der Herrlichkeit Gottes.

368 Seiten, Pb., 8,95 € Best.-Nr. 00573

Bestellen im Fe-Medienverlag

Hauptstraße 22, D-88353 Kisslegg
Tel.: 07563/6089980, Fax: 07563/6089989
www.fe-medien.de, info@fe-medien.de